JN195761

地方議員のための
選挙トリビア

選挙をめぐるあれこれ

Local Elections Trivia

河村 和徳 著

東北大学大学院
情報科学研究科准教授

中央文化社

本書を読む前に

本書は、２０２２年４月から２０２４年３月までの２年間、『地方議会人』で連載をした「地方議員のための選挙トリビア」を加筆訂正し、単行本化したものです。

インターネット選挙運動の解禁や18歳への選挙権年齢の引き下げなど、近年、日本の選挙環境は大きく変わりつつあります。また東日本大震災やＣＯＶＩＤ－19による世界規模のパンデミックなどの危機が発生し、選挙制度や議会制度にデジタル技術をどう活用するのかも話題に上っています。

本書の主たる目的は、日本の民主主義を支える選挙制度や地方議会制度について学び直すきっかけをつくるとともに、近年の動向をフォローすることにあります。選挙と向き合っている地方議員が、後援会の方たちなどと会話する際の「ネタ」を提供することも、本書の目的の１つです。民主主義を支える選挙制度や議会制度に関するトリビアを全て網羅している訳ではありませんが、本書を読んで、読者のそれらに対する知識が深まればと思います。

なお、本書では私が参加したプロジェクトで収集した意識調査の結果がたびたび登場します。

近年、「ＥＢＰＭ（evidence based policy making）」、すなわち根拠に基づいた政策形成が重視されるようになり、地方議員にもデータを読み解き、政策形成に活かす力が求められるようになりつつあります。「数値は苦手」という人もいるかもしれませんが、大事なことは慣れることですので、おつきあいいただければと思います。

議員諸兄の選挙制度や議会制度、運営に関する基本原則の再確認と今後の選挙活動の参考となれば幸いです。

２０２４年９月

河村　和徳

本書に登場する調査

本書に登場する調査[1]は次の通りです。

①有権者（住民）に対する意識調査

・ＮＯＳ住民意識調査（XX年X月実施[2]）

ＮＯＳとは、「日本リサーチセンター・オムニバス・サーベイ[3]」を省略したものです。日本リサーチセンター社は、調査員が全国２００地点で対象となる家を訪問し、１２００サンプルを回収するオムニバス（乗り合い形式）の調査を定期的に実施しています。

私は何度かＮＯＳ調査に相乗りし、選挙や政党などに対する質問を対象者に実施しました。本書では、住民の意識としてそこで得られた調査結果を紹介します。

・福島県民意識調査

福島県民意識調査２０２０は、福島県の有権者を対象に２０２０年2月から3月にかけて実施された郵送調査です。福島県内の衆院選の５つの選挙区（当時）に基づき、層化抽出法によって調査対象者１０００名を抽出しました。サンプリングの名簿は、選挙人名簿です。なお、この調査の回収率は43・7％（有効回答者４３７名）です[4]。

②地方議員に対する意識調査

・全国市区議会意識調査

私は、研究プロジェクトの一環として、２０２２年2月から4月にかけ、全国全ての市区議会議員を対象としたアンケート調査を実施しました。調査は、全議会事務局に定数分の調査票を送付し、議会事務局で調査票を回収してもらい返送してもらう方法をとりました。[5]

全国市区議意識調査の回収率は40・６％（有効回答者７７０４名）です。

・町村議意識調査

全国市区議意識調査と同じ時期、町村議会議員に対してもアンケート調査を実施しました。こちらは全数調査ではなく、対象者を標本抽出した標本調査です。そのため、調査の対象となったのは、宮城県・福島県・石川県・福井県・山梨県・熊本県の１５７４名です。

町村議意識調査の回収率は、46・７％（７３５名）でした。なお、全国市区議意識調査と町村議意識調査の質問内容は基本的に同じです。

【注】

1 調査は、ＮＯＳ住民意識調査は日本リサーチセンター、それ以外の調査はサーベイリサーチセンターを利用して実施しました。

2 括弧内には実施した年月が入ります。

3 日本リサーチセンター「ＮＯＳ（日本リサーチセンター・オムニバス・サーベイ）」https://www.nrc.co.jp/solution/nos/index.html（２０２４年2月27日閲覧）

4 この調査で得られた結果を知りたい人は、次の書籍を読んでみてください。河村和徳・岡田陽介・横山智哉［編著］（２０２１）『東日本大震災からの復興過程と住民意識——民主制下における復旧・復興の課題』木鐸社。

5 電子メールやファックスを利用して直接返答された議員も一部いました。

地方議員のための選挙トリビア
——選挙をめぐるあれこれ

目次

第一部

選挙の基本に関するトリビア

第1講　世界と日本の選挙の哲学（フィロソフィー）

KEY POINTS

- 非民主主義国家でも選挙は行われる
- 選挙の在り方を決める「哲学」
- 日本の選挙管理モデルは混合型

第1講のねらい

第1講は、イントロダクションとして、選挙の基礎的考えとそこからみた日本の特徴について述べることにしたいと思います。

選挙によって多数の支持を受けた候補者・政党が政権を担う――いわゆる「民主主義国家」では、選挙という手続きを経ずに政権を握ることはできません。選挙制度は民主主義の根幹を支える制度の1つであり、選挙をしていない国は民主主義国家と呼ぶことはできません。

では、「選挙をしている国は民主主義国家である」と断定して差し支えないでしょうか。2022年2月にウクライナに侵攻したロシアの事例で考えてみましょう。ロシアのプーチン大統領は選挙で選ばれた大統領ですが、「ロシアは民主主義国家ですか」という問いに、おそらくほとんどの日本人が「否」と答えるでしょう。プーチン政権は野党指導者を拘束したり、メディアの自由な報道を妨げたり、政治活動の自由を保証していません。「選挙はロシアで行われている、だから民主主義国家だ」とは言いがたいのです。

ただ、ロシアは選挙を行っていますので独裁国家と言いきってしまうのも語弊があります。ロシアのように選挙でリーダーを選ぶという体裁を整えている「非民主主義国家」を、我々政治学者は、「権威主義国家[1]」と分類しています。世界の中には、複数の政党による選挙を行っているけれども、立候

	より包摂的			より排除的
年齢	16歳	17歳	18歳	25歳
市民権（定住外国人）	1年以上の居住者は不要	5年以上の居住者は不要	特定の国籍を持つ者は不要	市民権は必須
障がい（精神疾患を持つ者）	規制なし	投票所で投票できないと見做せない者	精神病院に入院していない者	法令上の無能力者ではない者
遵法（囚人）	規制なし	重罪で投獄されていない者	投獄されていない者	投獄されておらず、投獄経験もない者

図表 1-1　民主主義国家における有権者の包摂基準

出典：河村和徳（2021）『電子投票と日本の選挙ガバナンス―デジタル社会の投票権保障』慶應義塾大学出版会、118頁

補者や参加政党を事前審査によって制限し、認めていない国もあります。こうした国も、我々の考えている民主主義国家ではありません。

見方を変えれば、「選挙をしないとまずいので選挙を行っている」とも言えます。ここから、現代社会では「選挙という手続きを経ないと政権の正統性が保てない」という考え方が広く浸透しているとも言えるでしょう。

1・1　普通選挙を達成した国にみる「若干の例外」

ところで、ご承知の読者も多いかと思いますが、民主主義国家とみなされる国の選挙は「普通選挙」や「平等選挙」「自由選挙」「秘密選挙」などが達成されている、とされます。ただし、達成度合いには若干の差がありますし、それぞれの国の選挙に対する考え方の違いがそこに反映されていることもしばしばです[2]。

たとえば、普通選挙を例に考えてみましょう。普通選挙が達成されている国は、若干の例外を除き、すべての成人が選挙権を行使できる有権者として認められています。ただ、ここでいう「若干の例外」がくせ者になります。**図表1―1**は、民主主義国家がどこまで有権者と認めるかについての違いを、表示したものです[3]。

より多くの者を選挙に参加させようという包摂性が高い国は、選挙権年齢を低く設定し、受刑者も投票できるようにします。一方、有権者の枠を広げ

ることに慎重な国は、選挙権年齢を高く設定します。

日本は、戦後すぐに女性の参政権が認められ普通選挙が達成されたとされていますが、２０１３年7月には成年被後見人の選挙権が回復し、２０１６年7月から選挙権年齢が18歳に引き下げられるなど、近年、より包摂性の高くなる方向に改革を行っています。

世界には、特別なビザを持つ定住外国人に選挙権を与える国もあれば、一定期間定住すれば投票参加できる国もあります。しかし日本では、地方自治体が行う任意の住民投票に定住外国人が投票できるかどうかでもめているように、[4] 定住外国人への参政権付与には慎重な立場を採っています。

誰を有権者に含めるか、それはそれぞれの国が持つ選挙に対する考え方、すなわち「選挙の哲学《フィロソフィー》」によって異なっているのです。

1・2 日本（人）の選挙の哲学 ——カネをかけない選挙

民主主義国において自由な選挙が担保されることは極めて大事なのですが、自由な選挙を徹底的に突き詰めていくと「選挙にはできる限り規制をかけない方がよい」という考えに行き着きます。

規制をあまりかけない選挙を体現しているのがアメリカと言えます。２０２０年アメリカの大統領選挙を思い出してください。

アメリカの大統領候補たちは、日本とは桁違いな額を選挙運動にかけています。アメリカでは、政治資金・選挙資金の規正は「政治における言論行為を規制するものだから、合衆国憲法修正第1条において保障する表現の自由を制約するもの」[5] と考えられているため、日本と比べ、選挙に対する規制は緩いのです。

日本は、皆さんご承知のように「政治とカネ」に対する国民の視線は厳しく、また政治資金規制法によって政治活動への寄付はかなり制限されています。そのため、日本では、政治活動や選挙運動にかけられる額はおのずと抑制的になります。選挙や政治にできる限りお金をかけないという日本の選挙の哲学《フィロソフィー》には、「お金持ちでないと立候補できない」

という状況をできる限り抑制するという効果があります。

日本で選挙公営制度が採用されているのは、候補者間の選挙運動の機会均等を図る目的だけではなく、カネのかからない選挙を実現するためでもあるのです。[6] 言い換えると、選挙公営は選挙を規制している代償と言えます。

しかしながら、政治献金を厳しく規制すると、選挙に立候補しようという意思のある人に寄付する人は少なくなります。中長期的にみたら、選挙に立候補するための原資がかえって集めにくくなるという副作用もあります。

海外では、地方議員選挙であっても候補者は寄付を集めて選挙を戦っている印象があります。寄付をするのは、「この人を勝たせたい」と思うからであって、寄付は候補者と有権者をつなげる紐帯《ちゅうたい》と言えます。それを我々は認識しておいたほうがよいと思います。なぜなら、これは日本の地方議員のなり手不足の原因と結びつくと思われるからです。

1・3　日本の選挙管理は「混合モデル」

公正・中立とされる選挙を通じて政権を獲得した政治勢力であっても、「つかんだ権力を手放したくない」と選挙環境を改悪してしまう可能性があります。世界の中には、自分に有利な選挙になるように法律を変えたり、選挙管理委員会の人事に介入したりする国があります。[7] 最近は技術的な革新がめざましいことから、ドローンや監視カメラを使って野党指導者らを監視し、彼らの選挙運動を妨害するといったハイテクを駆使するような国もあるようです。

世界の選挙管理を比較した研究では、選挙管理機関[8]が政府から制度的に独立し、中央選挙管理委員会を中心に自律的に選挙管理を行っている国を「独立モデルの国」、内務省などの政府組織が選挙管理を担うような国は「政府モデルの国」と呼んでいます。[9] より公正・公平な選挙環境を確保するのであれば、選挙管理委員会をはじめとする選挙管理機関は、独立が望ましいとなります。政府から独立していれば、政治が選挙管理に介入することが難しくなるからです。

日本の選挙制度では、選挙管理委員会は行政委員会として地方自治体の執行部から独立しています。ただ、日本の選管は、法律上、独立していることになっていますが、選管の仕事を実際に司る事務局職員は自治体に採用された職員の出向者ですし、予算立ても執行部に依存しています。

そのため、日本は、独立モデルでもなく、政府モデルでもない「混合モデルの国」と言え、政治的思惑が選挙管理に入り込む余地を残した制度になっています。

ここまでの話を聞くと、欧米などの古くからの選挙を行ってきた民主主義のレベルが高い国ほど独立モデルではないか、と思うかもしれません。しかし、実際にはそうではありません。**図表1－2**を見ればわかるように、民主主義のレベルが高い国のほうが政府モデルの国の割合が高いのです。民主主義のレベルが高い国は、長い歴史の中で選挙に政治的介入をさせない取組みがなされてきました。そうした努力によって、政府モデルでも支障がない環境が

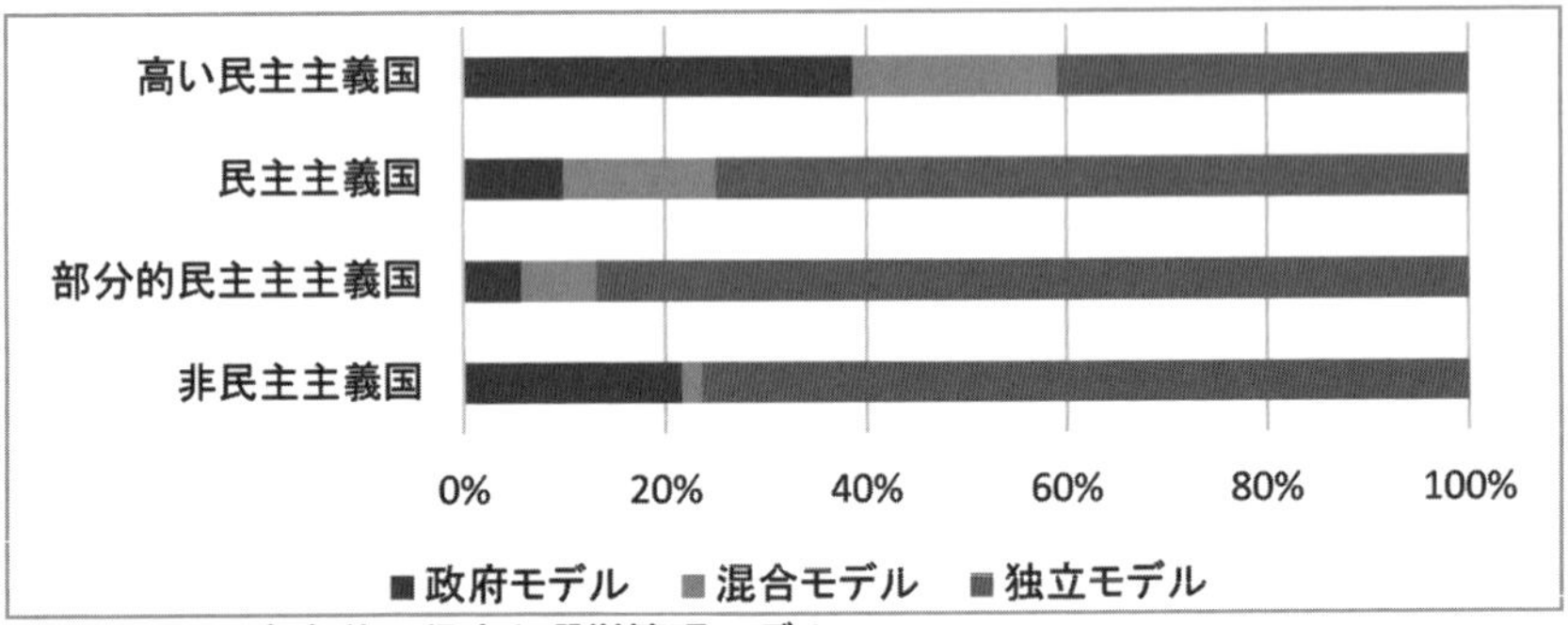

図表 1-2　民主主義の程度と選挙管理モデル

出典：大西裕［編著］（2017）『選挙ガバナンスの実態 世界編―その多様性と「民主主義の質」への影響』ミネルヴァ書房、図 2-4 をグラフ化

生まれているのだと思います。

日本でも、かつては「選管を制する者は選挙を制す」といわれるような選挙が行われていたところがありました[10]。今日、混合モデルであっても政治が選挙に介入しているようにはそれほど思えないのは、長い歴史の中で、「明るい選挙[11]」に代表されるような、選挙不正や選挙腐敗を排除する取組みが続けられてきたから、

と言えるかと思います。

【注】

1　エリカ・フランツ（上谷直克・今井宏平・中井遼［訳］）（2021）『権威主義―独裁政治の歴史と変貌』白水社。

2　一人一票同一価値の原則に基づいて行われる選挙が平等選挙です。事前の資格審査なく立候補することができ複数の候補者で選挙が行われる選挙は、自由選挙であると言えます。また自由選挙の考え方に基づけば、有権者が自由な意思で投票できる状況になければなりません。誰が誰に投票したか秘密が守られる制度が整っていれば、その国の選挙は秘密選挙の条件を満たしていると言えます。

3　河村和徳（2021）『電子投票と日本の選挙ガバナンス―デジタル社会の投票権保障』慶應義塾大学出版会。

4　ただ、日本では、自治体が任意で定める住民投票条例の投票権は自治体によって判断が異なり、外国籍の住民にも投票権を認める自治体もあれば、武蔵野市のように住民投票条例が議会で否決されるところもあります。「自治体ごと異なる判断　豊中、兵庫・明石　東京・武蔵野、外国人住民投票権を否決／大阪府」『朝日新聞（大阪市内版）』2021年12月23日。

5　東川浩二（2009）「選挙資金規正法と表現の自由」『選挙研究』第24巻第2号、97―107頁。

6　総務省「選挙公営」https://www.soumu.go.jp/senkyo/senkyo_s/naruhodo/naruhodo16.html（2022年4月8日閲覧）

7　東島雅昌（2023）『民主主義を装う権威主義――世界化する選挙独裁とその論理』千倉書房。

8　実務を担当する選挙管理委員会だけではなく、選挙政策を立案する総務省選挙部、選挙犯罪を捜査する警察も選挙管理機関に位置付けられます。

9　世界の選挙管理を紹介した日本語の文献はあまりありません。関心がある方は、次の文献などを読んでみてください。大西裕［編著］（2017）『選挙ガバナンスの実態　世界編――その多様性と「民主主義の質」への影響』ミネルヴァ書房。

10　選挙不正の歴史に関心がある方は、次の文献などを読んでみてください。季武嘉也（2007）『選挙違反の歴史―ウラからみた日本の一〇〇年』吉川弘文館。杉本仁（2017）『民俗選挙のゆくえ―津軽選挙VS甲州選挙』新泉社。

11　明るい選挙推進協会「明るい選挙って何？」http://www.akaruisenkyo.or.jp/020what/（2022年4月8日閲覧）

第2講 選挙運動に対するスタンス「べからず法」の公職選挙法

KEY POINTS

- 規制の多い公職選挙法は「べからず法」とも呼ばれる
- 規制の起源は「普通選挙法」にあり
- 戸別訪問はじめ時代に合った改正が必要

第2講のねらい

第1講で指摘したように、日本は欧米に比べ、「カネのかからない選挙」を重視する傾向にあります。中でも選挙運動期間を短くしてきた歴史は、カネのかからない選挙運動の象徴と言えるでしょう。終戦直後からどんどん選挙運動期間を短縮する方向に「公職選挙法」は改正されてきました。[1] それ以外にも、公職選挙法は、「事前運動の禁止」や「文書図画の頒布の制限」、「戸別訪問の禁止」など、多くの選挙運動を規制しています。そのため、公職選挙法を揶揄して「べからず法」と呼ぶ人もいます。

多くの読者はそうした表現を見聞きしたことはあるかもしれませんが、日本の選挙運動規制の起源や、その背景について深く考えたことはないと思います。第2講では、それらについて触れたいと思います。

2・1 世界標準ではない日本の選挙運動

「日本の地方の選挙風景は?」と聞かれたら、多くの読者が、選挙カーから候補者の名前を連呼するウグイス嬢の声が聞こえ、乗車している陣営関係者が沿道に向かって手を振る風景を思い浮かべるのではないでしょうか。

選挙カーで連呼する選挙運動のスタイルは、「世界標準」ではありません。近年こそSNSなどを使ったインターネット選挙運動が広がりを見せていますが、長きにわたり選挙運動の世界標準であるのが、「戸別訪問」です。

ご承知の通り、日本の公職選挙法は立候補者やその支持者が有権者宅をまわって支持を訴える戸別訪問を禁止しています。公職選挙法の第１３８条には「何人も、選挙に関し、投票を得若《も》しくは得しめ又は得しめない目的をもつて戸別訪問をすることができない。」と書かれていますから、立候補者や支持者だけではなく、一般の有権者も戸別訪問をやってはいけないことになっているのです。

日本では、選挙運動期間、すなわち特定の選挙において有権者に対し投票依頼ができる期間が法律によって定められており、事前運動が禁止されています。

しかし、欧米の民主主義国では、選挙運動期間自体が設定されていなかったり、選挙運動期間があっても事前運動の規制をする発想がなかったりすると言われています。[2]

その点からも、日本の選挙運動規制は世界の「選挙民主主義国」の中で類を見ない厳しさだと言えるでしょうし、[3]「公職選挙法は難しい」と思われてしまう原因の1つになっていると思います。

2・2 「べからず法」の起源は戦前

現在、選挙民主主義を採用している国であっても、選挙を始めた時期には違いがあります。日本は、欧米同様、制限選挙の時代を経て現在に至る選挙の歴史が長い国です。日本の選挙運動規制が厳しくなったのはいつからなのでしょうか。

選挙運動の規制強化は１９５０年代から８０年代にかけてはかられたと通常認識されていますが、[4]規制の起源はそもそも古く、日本の選挙運動規制の象徴となっている「戸別訪問禁止」や「文書図画の頒布禁止」の起源は、戦前に求められます（図表2−1）。今日の選挙運動規制の原点と言えるのは大正時代の１９２５年制定の衆議院議員選挙法（普通選挙法）なのです。[5]

実は、この普通選挙法を多くの読者は知っています。かつて社会科の授業で「納税要件が撤廃されて男子普選が実現した」と習ったと思いますが、普通選挙法は男子普選を認めた法律であったと同時に、選挙運動の厳しい規制の起源になった法律でもあったのです。[6]

それでは、なぜ普通選挙法で選挙運動が規制されることになったのでしょうか。

この頃、日本で政党政治が根付きはじめ、政党勢力が選挙に勝つため、選挙に選挙資金などの政治資源を積極的に投入するようになっていました。その延長線で、買収などの不正に手を染める風潮も見受けられるようになりました。

そこで選挙費用を抑制し、選挙運動を制限することで腐敗選挙を断とうとしたのです。[7]腐敗選挙が政治問題化した国は日本だけではありません。当時、欧米でも腐敗選挙に頭を悩ませており、それにむけた対策を行っていました。たとえば、イギリスでは1883年に腐敗行為・違法行為防止法を制定し、それに公民権停止や連座制といった項目を盛り込みました。アメ

規制の内容	西暦	和暦
気勢を張る行為	1900 年	明治33年
文書図画の頒布・掲示	1925 年	大正14年
選挙事務所	1925 年	大正14年
休憩所等	1925 年	大正14年
戸別訪問	1925 年	大正14年
選挙後の挨拶行為	1934 年	昭和 9 年
新聞広告	1947 年	昭和22年
演説会	1948 年	昭和23年
街頭演説	1948 年	昭和23年
自動車、船舶及び拡声器の使用	1948 年	昭和23年
飲食物の提供	1948 年	昭和23年
連呼行為	1952 年	昭和27年
放送設備の使用	1952 年	昭和27年
署名運動	1952 年	昭和27年
人気投票の公表	1952 年	昭和27年
挨拶状	1954 年	昭和29年
挨拶を目的とする有料広告	1989 年	平成元年

図表 2-1　選挙運動規制が導入された年

出典：佐藤令・丸本友哉（2010）「我が国の選挙運動規制の起源と沿革―大正 14 年普通選挙法制定の帝国議会における議論を中心に―」『レファレンス』平成 22 年 11 月号、75-91 頁、表 1 を筆者修正

リカも、1907年の連邦腐敗行為防止法で立候補者が使用できる選挙費用を制限することなどをルール化しています。

ただ、日本のように選挙運動のやり方にまで細かく制限を設けるようなことはしませんでした。

ここで1つの疑問が湧きます。どうして当時の政権は男子普選と選挙運動規制をセットにした選挙法改正案を提出したのでしょうか。

1918年の夏、米価格の高騰により富山県で生じた暴動は全国に飛び火し、時の寺内正毅内閣の退陣にも影響を及ぼす大事件となりました。いわゆる**「米騒動」**です。この事件がより多くの国民が政治に参加できる環境を整えること、すなわち有権者の拡大が不可避であるという世論をつくりだしたのです。

しかし、当時の元老や政権幹部は、普通選挙の導入が、無産階級（生産手段を所有せず、労働で得た賃金で生活する階級）の台頭につながることを警戒していました。

「普通選挙になれば有権者が増え、多くの人手を利用できる無産階級が有利になる。ならば、選挙運動資金を抑制するだけではなく、人手を使った選挙運動もできないようにすればよい」

と考えた結果、男子普選と選挙運動規制がセットになった普通選挙法が提案されたのでした[8]。

そう考えると、当時の衆議院議員が、選挙運動規制を受け入れた理由もわかるような気がします。

たとえば、制限選挙時代の選挙運動の主流は戸別訪問でした。「有権者である資産家の名簿を頼りに挨拶にまわり、彼らの支持を取り付ける」、これが制限選挙時代で最も効率がよい選挙運動だったの

岡本一平による「米騒動」の風刺漫画（国立国会図書館蔵）

です。

そうした手法で当選していた衆議院議員がそれを捨て去ることに同意したのは、「お金や労力がかからなくなってラッキーだ」という理由もあったかもしれませんが、戸別訪問が禁止されたほうが普通選挙の時代の選挙では自分に有利にはたらく、という計算もあったかと思います。

2・3　時代に合った選挙運動規制を

普通選挙法が成立して、約1世紀が経過しました。この100年で私たちの生活環境だけではなく、政治や選挙に対する意識も大きく変化しました。

普通選挙法が導入された当時、「戸別訪問は選挙の公正を害する」とされていましたが、1990年代に戸別訪問解禁が議論された際には「選挙の公正を害するから解禁反対」という雰囲気ではなく、「解禁してもよいが、解禁すると有利になる候補・政党があるから配慮する必要がある」という声のほうが大きかったようです[9]（**図表2―2**）。

また、「戸別訪問をすると買収が行われる」という主張も、対面せずとも送金ができる現代では説得力を欠きます。海外の選挙事情をインターネットで検索すれば、戸別訪問をそのような理由で禁止している国は圧倒的な少数派であることは容易にわかりますから、禁止する理由として弱いと言わざるをえません。

日本の公職選挙法における選挙運動規制の記述は、「包括的禁止・限定的解除」と言われています[10]。選挙運動を包括的に禁止し、その禁止から除外されるものを条文に記述する体裁を採っているのです。

近年、選挙運動の根本を変えてしまう情報通信を中心とした技術革新は、包括的禁止・限定的解除というスタイルで選挙運動を規制することを難しくしています。文書図画の頒布の規制は大量の紙を印刷しないと主張が伝えられない時代であれば説得力がありましたが、インターネットが普及している現在ではSNSで誰でも容易に情報が発信できます。それに、お金（ここでは印刷費）をかけたら選挙が有利になるとは言い難い状況に現在はなっています。

また、かつては戸別訪問を解禁したら体力があ

見解	家屋の構造、風俗習慣に影響	選挙の公正を害する	情実・感情の介在		投票買収の助成、温床	通信機関の濫用を助成	投票者の生活の平穏を害する	候補者の負担をもたらす			比較考量	政党への影響
			候補者の品位を傷つける	公事を私情により行う風潮				訪問回数を競う	多額の出費	候補者間の格差		
衆議院議員選挙法改正理由書（大正14年）	○	○	○	○	○	○	○					
最高裁判決（昭和56年6月15日）		○選挙の自由と公正を確保する必要。			○		○	○	○		○得られる利益が大きい。	
公職選挙法改正法案（解禁：政府案）に対する反対意見（平成5年）					○贈答文化が介在。		○時期尚早。	○若い候補者に有利。人数制限必要。		○学校教育から変える必要。		○組織力のある政党が有利。

図表 2-2　戸別訪問禁止の根拠

出典：木村俊介（2019）「選挙運動規制としての戸別訪問禁止制度の課題について」『月刊選挙』2019年10～12月号、表3を筆者修正

る若い候補者が有利になるという意見がありましたが、オンライン会議ソフトの普及によって、足を運ばなくても個別に投票依頼できる環境が整いつつあります。公職選挙法の選挙運動規制は「対面」「文書頒布」というリアルを前提として制度設計されていますので、高度情報社会とは齟齬《そご》が生じています。[11] 高度情報社会の到来に即した選挙運動規制のあり方自体を大局的な視点から考える必要があると、個人的には思います。

もう1点指摘しておきたいことがあります。「昭和の大合併」「平成の大合併」の影響で、地方議員の数は大きく減りました。合併しなかった市町村も、有権者の圧力などから地方議員の定数を減らす傾向にあります。[12]

地方議員が減ることは、一般の有権者が政治家と接する機会が減少することを意味します。地方議会に対する信頼が低下している背景には、不祥事の発生だけではなく、そもそも接触する機会が減っていることも影響していると考えられます。

昔は、腐敗撲滅の観点から戸別訪問を禁止して、有権者と候補者が直接接触できる機会を減らすことに意味があったのかもしれません。しかし、現在は違います。戸別訪問を解禁し、立候補者が有権者と直接会話できる場を提供するほうが、有権者の政治への関心が高まる可能性が高いと思います。

その点でも、現行の選挙運動規制を時代に合っ

たものに変えていく必要があるように思います。

【注】

1　益田高成（２０２０）「選挙運動期間短縮の政治過程――選挙運動規制を強化する選挙法改正の一事例として」『同志社法學』第72巻第2号、２２５―２３０頁。

2　大山礼子（２０１８）『政治を再建する、いくつかの方法』日本経済新聞出版社。

3　文書図画に関する規制も、世界的に見て厳しいと言えます。

4　益田、前掲論文。

5　佐藤令・丸本友哉（２０１０）「我が国の選挙運動規制の起源と沿革――大正14年普通選挙法制定の帝国議会における議論を中心に――」『レファレンス』平成22年11月号、75―91頁。

6　また、普通選挙法との抱き合わせのかたちで治安維持法も成立しています。国会図書館「史料にみる日本の近代」https://www.ndl.go.jp/modern/cha3/description13.html（２０２２年４月28日閲覧）

7　杣《そま》正夫（１９８６）『日本選挙制度史――普通選挙法から公職選挙法まで』九州大学出版会。

8　松尾尊兊《たかよし》（１９８９）『普通選挙制度成立史の研究』岩波書店。

9　木村俊介（２０１９）「選挙運動規制としての戸別訪問禁止制度の課題について」『月刊選挙』２０１９年10～12月号（連載）。

10　安野修右《のぶすけ》（２０２４）『競争を否定する選挙法――戦後日本における選挙運動規制の形成過程に関する研究』日本評論社。

11　事実、東日本大震災後の被災者のために法解釈を変更し選挙公報のＷＥＢ掲載を可能にしたことが、インターネット選挙運動解禁の呼び水になっています。河村和徳・湯淺墾道《はるみち》・高選圭《コソンギュ》［編著］（２０１３）『被災地から考える日本の選挙――情報技術活用の可能性を中心に』東北大学出版会。

12　河村和徳（２０１０）『市町村合併をめぐる政治意識と地方選挙』木鐸社。

第3講　投票方式に対するスタンス　日本の投票方法は「ガラパゴス」

KEY POINTS

- 日本の自書式投票は世界的に少数派
- 記号式投票にも課題はある
- 電子投票の活用に期待

第3講のねらい

2013年、2016年、そして2019年と過去3回、参議院議員通常選挙の比例代表で「候補者得票ゼロ」が問題となりました。2019年の選挙では、山本太郎候補と山田太郎候補の票束の取り違えがある自治体で発生し、その自治体の山田太郎候補の得票は、一時、ゼロと表示されました。

得票ゼロ問題の直接的な背景には、参院選比例代表で「非拘束名簿方式」が採用されており、候補者名でも政党名でも投票できることがあります。

ただ、そうした事象の根本に、「日本の選挙が『自書式投票』を基本としていること」があることも、私たちは認識しておく必要があります。

世界的に見て、「自書式投票を採用している国はない」と言っても過言ではありません。第2講で指摘したように、日本の選挙運動規制は世界的潮流と外れた形で現在に至っています。それだけではなく、投票方式的にも「日本の選挙はガラパゴス」と言えるでしょう。第3講では、「自書式投票」を採りあげることにしたいと思います。

3・1　ミスを誘発する可能性を孕む自書式投票

海外の政治家から「日本の文字認識技術はすごいですね」と言われたことがあります。どうやら、彼は大規模自治体の開票所での投票用紙読取分類機を見たらしく、自書された大量の投票用紙が分類されていることが驚きだったようです。

　国によっては、開票に何日もかけるところもあります。それらの国に比べれば、日本の選挙の開票スピードはものすごく早いのかもしれません。ただ、日本人の中には「開票をはやく、はやく」と急かす人たちがいます。

　たとえば、地元の新聞社は開票を急かす急先鋒と言ってもよいかと思います。なぜなら、彼らには「できる限り明日の朝刊に間に合わせたい」という思いがあるからです。

　行財政改革に熱心な有権者も開票を急かす存在と言えます。「早く開票が終われば、選挙費用が安くなる」と考えているからです。

　ただ、何ごともスピードを上げれば上げるほどよいという訳ではありません。なぜなら、自書式投票には、開票事務従事者の見落とし、読み間違いといったヒューマン・エラーを誘発しやすい性質もあるからです。

　それに加え、自書式投票は、記号式投票（とりわけ集計を機械に頼るマークシート投票や電子投票）よりも開票に時間がかかります。有権者が候補者の名前を間違えて記入したり、投票用紙に余分なものを書き込んだり（他事記載）する結果、多くの疑問票が発生し、それらが有効か、判断しなければならなくなり、時間がかかるのです。

　さらに、投票先が判別しきれない票を按分する必要も出てきます。

　２０１４年12月に行われた衆院選の開票作業で、仙台市では不適切な処理が行われ、「選挙の信頼を損ねる」と大きな事件となりました。私は、再発防止等を検討するために設置された第三者委員会「選挙事務不適正処理再発防止委員会」の委員長を務めました。その際、再発防止に向けた実態調査として開票事務従事者に対するアンケートを行い[1]、そのアンケートの中で、次のような質問をしました。

「開票時間を競う風潮が、高松や仙台での事件の主たる原因ではないか、という見方がありますが、あなたはどう思われますか。該当するもの1つに○をつけてください」

　図表3-1は、その回答結果を図にしたものです。

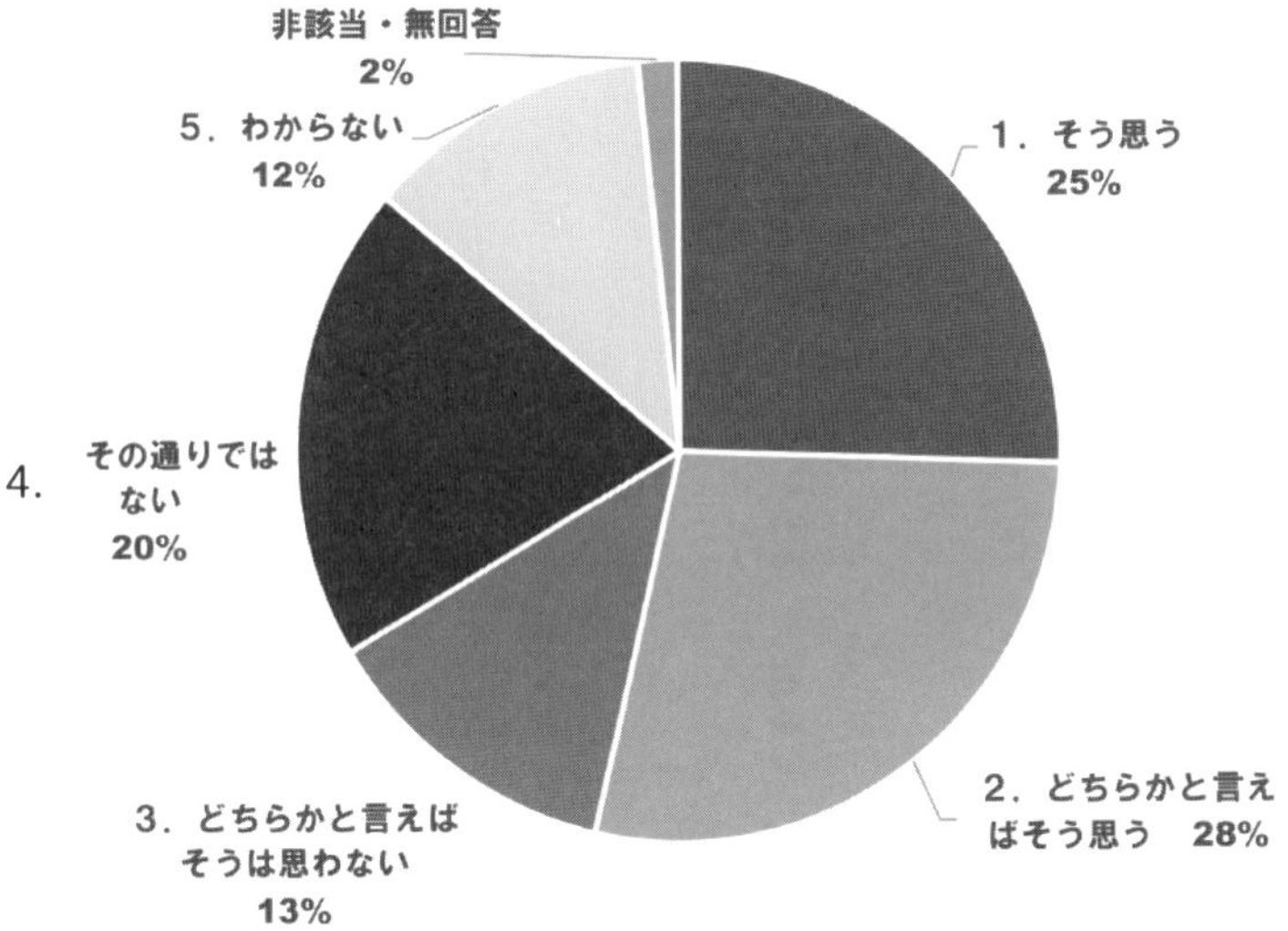

図表 3-1　「開票時間を競う風潮が高松・仙台での事件の主たる原因」という問いに対する開票従事者の回答

出典：河村和徳（2015）「仙台市選挙事務不適正処理再発防止委員会を振り返って（2）」『月刊選挙』2015 年 7 月号、3-10 頁、図 4。

「そう思う」「どちらかと言えばそう思う」を合わせると50％を超えています。「選挙管理はミスがなくて当たり前[2]」というのが基本ですから、開票現場はかなりのプレッシャーの中で開票作業をしていると言えます。

開票を急かすのではなく、本来であれば「記号式投票へ転換しよう」という声を挙げるべきだと思います。記号式のほうがより正確で迅速に開票できますし、日本が採用している自書式投票は世界的に圧倒的な少数派なのですから。

3・2　なぜ自書式投票は世界の少数派なのか

なぜ自書式投票は世界で見たら少数派なのでしょうか。

そもそも投票方式は、投票用紙に候補者名や政党名を自書する「自書式投票[3]」と、投票先がわかるよう投票用紙に丸印をつけるなどの「記号式投票」に大別できます。日本では自書式投票を基本とし、地方選挙では条例を定めることによって記号式投票を利用できる枠組みで運用されています。[4]

なお、電子投票法で制度化されている電子投票[5]や投票用紙にレ点などをつけて機械に読み込ませるマークシート投票は、広義の記号式投票と言えます。

自書式投票よりも記号式投票が世界で主流なのは、開票が圧倒的に早く終わり、かつ正確だからです。また機械で読み込むことを原則とすれば、かなり省力化できます。[6]

ただ、理由はそればかりではありません。多くの国々では言語的に見て自書式投票の条件が整っていないという理由もあります。自書式投票を制度として運用するにあたっては、選挙管理従事者や立候補者、そして有権者のほとんどが公用語をきちんと理解していることが前提となります。立候補者から提供されたさまざまな情報（多くは言語情報）をもとに、有権者が「誰に投票するか」を判断し、「投票用紙に公用語で記述する」ことができないと、制度として成り立たないのです。

すなわち、国民の公用語の識字率が低い多民族国家で自書式投票を採用することは容易ではないのです。そうした国では、候補者の番号や所属政党の党旗などを手がかりに投票できる記号式投票の方が、より有権者にやさしい投票方式なのです。

翻《ひるがえ》って、日本はどうでしょう。日本では公用語は日本語のみ、そして識字率が極めて高い国です。ほとんどの有権者が日本語で候補者や政党の主張を聞くことができ、自分の意思を日本語で記述することができます。

有権者の多くは記号式でもよいと思っているかもしれません。それにもかかわらず、自書式投票が維持されているのは、制度を変えるコストももちろんあるかと思いますが、国会議員など政治家にそれを望む声があることも影響していると考えられます。

実は、多くの方は忘れてしまったと思いますが、1994年に公職選挙法が改正された際、衆議院議員総選挙での記号式投票が可能になりました。しかし、記号式投票は日の目を見ないまま自書式投票に戻されました。当時の現職国会議員が自書式投票を望んだからでした。

自書式投票では、知名度のある現職も知名度のない新人も、自分の名前を投票用紙に書いてもらわなければなりません。記号式であれば、記号さえつければ名前はうろ覚えでも自分の得票になりますが、自書式ではしっかり覚えてもらわないといけません。すなわち、自書式投票は知名度のある現職が有利になりやすいのです。

選挙研究では「現行の選挙制度で勝利している現職は選挙制度を変えたがらない」とされます。[7] 現在の仕組みで当選しているのですから、わざわざ変える必要はないと考えるのは合理的だと言えます。

自書式投票が変わらない背景には、そうした事情も隠されているのです。[8]

3・3 記号式投票にも課題がある

ただ、記号式投票が「バラ色の投票方式か」と言えば、そうではありません。実際、日本では地方選挙で記号式投票ができるのにもかかわらず、利用しているところはかなり少数です。広がりを欠いているということは、不都合なことがあるということです。

なにが不都合なのでしょう。

まず、指摘しておかなければならないのは、記号式投票ではすべての候補者の名前を投票用紙に印字しなければならない点です。立候補者のすべての名前を投票用紙に印字することになれば、投票用紙がかなり大きくなることは誰でも予想できます。さらに投票用紙が大きくなればなるほど、意中の候補者の名前を探し出すことが大変になります。また事前に投票用紙に立候補者名を印刷しなければならないとなると、届出の翌日から期日前投票を実施することはほぼ不可能です。日本で記号式投票を実現しようと思うと、それなりの工夫が不可欠なのです。

もし記号式投票を採用するとなると、候補者名の「並び順問題」も克服しなければなりません。衆議院議員総選挙の際に行われる「最高裁判所裁判官国民審査」は記号式投票を採用していますが、公示や投票用紙に記載される裁判官の氏名順序はくじ引きで決めています。どこに名前が出るかで「×」がつく確率が変わってくる可能性があるからで、公平性を期すためにくじ引きをしているのです。

地方議員の読者の中には1票をめぐって鎬《しのぎ》を削る選挙を戦い抜いたという経験をした方もいるでしょう。そのような経験をしたならば「並び順」という偶然の要素で当選が決まってしまう可能性を持っている記号式投票を採用してほしくないと思うのは理解できます。

記号式投票の課題をここまで挙げてきましたが、それらの課題を乗り越える術《すべ》はないのでしょうか。私は、術はある、と思います。それは電子投票（どんな場所からでも投票できるリモート・インターネット投票ではなく、投票所に設置された電子投票端末に投票するオンライン投票）[9]を活用することです。

電子投票であれば、投票は画面にタッチするだけですので、投票が簡便になりますし、画面に表示される候補者名の順番を無作為に変えることができます。そのため、並び順問題は克服できます。また意中の候補者名が見当たらなければ検索をかけられるでしょうし、多言語表示や音声投票も可能です。開票も迅速ですし、疑問票は基本的になくなります。お金はかかりますが[10]、よいことずくめです。

ただ、社会実装は簡単にはいきません。なぜならパソコンやスマートフォンなどを普段使わない有権者にとってみれば、インターネット投票の導入によって投票がかえって不便になるからです。

実際、スーパーシティ型国家戦略特別区域として選ばれた茨城県つくば市で行われたインターネット投票の実証実験結果によると、投票に30分以上かかってしまった人もいたそうです[11]。情報端末の利用に不得手な人がいる以上、申請した人だけがインターネット投票を利用できるなどの制度的工夫が必要だと思います[12]。

電子投票をする自治体がゼロになった今、つくば市の挑戦は、どうすれば自書式投票から記号式投票へ投票方式を変更できるかということを考える上で有意義だと個人的には思っています。

【注】

1 河村和徳（2015）「仙台市選挙事務不適正処理再発防止委員会を振り返って（2）」『月刊選挙』2015年7月号、3―10頁。

2 小島勇人［監修］（2014）『選挙管理事務におけるミス発生事例集』国政情報センター。

3 点字は1890年に採用された文字ですので、点字投票は記号式投票ではなく自書式投票という取り扱いになります。

4 採用している自治体の状況をみると、当選者が1人の首長選挙や当選者が少ない地方議員の補欠選挙で採用している傾向があります。

5 ただ、クレジットカードの決済時にタッチパネルに名前をサイン（自書）する場合もありますので、技術的にはタッチパネルを用いた自書式投票も可能とは言えます。

6 最近、国勢調査でもマークシート方式が採用されるようになっているのも、そうした理由からと言えます。

7 河村和徳（2021）『電子投票と日本の選挙ガバナンス―デジタル社会の投票権保障』慶應義塾大学出版会。

8 日本の政治家の中には「名前を書いてもらうことに価値がある」と特別の意味を込めている人たちもいます。名前を書いてもらうことによって、有権者の負託を受けていることが強調されるという視点があることも、私たちは認識しておく必要があります。

9 河村、前掲書。

10 初期投資以外にも、投票日翌日に期日前投票を可能にする現行制度を維持する場合、立候補を電子的に届け出てもらうなどの制度の見直しが必要となると思います。

11 NHK政治マガジン「インターネット投票の最前線 実現できるか 山積する課題」https://www.nhk.or.jp/politics/articles/feature/99847.html（2024年1月19日閲覧）

12 東京都選挙管理委員会が2023年11月12日実施したインターネット投票に関するイベントでも対象者を限定する必要がある指摘を登壇者がしています。イベント告知ホームページ（時事通信社）「令和5年度デジタル社会の選挙をみんなでトーク！～アリ？ナシ？ネット投票～」https://www.jiji.com/ad/metro_senkyokanri2023/（2024年1月19日閲覧）

第４講　選挙人名簿　有権者登録は実は重要

KEY POINTS

- 有権者の登録は職権主義と申請主義のいずれか
- 日本の有権者登録は職権主義を採用
- 有権者登録が選挙に影響する国も

第４講のねらい

投票日が近づくと住所地の選挙管理委員会から、指定された投票所が記された投票所入場券が送られてくるかと思います。

申請もしないのに投票所入場券が送られてくるのは、有権者を選挙管理委員会が職権により選挙人名簿に登録する、いわゆる「職権主義」が採用されているからです。しかるべき市民を有権者名簿（日本では選挙人名簿）に登録することは、公正な選挙を満たす上で大事な要件です。世界の選挙制度を比較する際、投票の仕方や有権者教育などに私たちは注目しがちですが、有権者登録も選挙制度の公正さを考える上で重要なポイントなのです。

有権者名簿への登録にあたり、日本のような職権主義を採用している国がある一方、有権者登録を申請主義で行っている国もあります。申請主義の国では、有権者登録をしに役所に出向かなければならないという不便さがあります。それを考えると、職権主義で有権者登録される日本の仕組みは、有権者の負担を減らすという点でメリットがあると思います。

なお、日本はずっと職権主義だったわけではありません。**図表４-１**からわかるように、申請主義を採用した時期も存在します[1]。

第４講では、私たち日本人があまり関心を持たない有権者名簿への登録について、焦点を当てることにします。

4・1　選挙人名簿は「集権・融合型システム」の象徴

日本の選挙管理体制は、法律的に見たら中央集権的と言えます。公職選挙法といった選挙関連の法律や手続きの基本が国によって定められる仕組みを採っているからです。

しかしながら、実際の管理・運用については地方分権的です。国政選挙は、法定受託事務として地方自治体の選挙管理委員会が請け負う形で行われますし、選挙人名簿の調製や管理は市区町村選管が担います。

	登録		登録方法	備考
	定時登録	選挙時登録		
公選法施行以前	年1回		職権主義	
1950年公選法制定	年1回		職権主義	選挙の度に申請主義による形で補充選挙人名簿が調製された
1966年公選法改正	年2回		申請主義	この改正から永久選挙人名簿制度が採用された
1968年公選法改正	年4回		申請主義	
1969年公選法改正	年1回	実施	職権主義	住基台帳制度を利用した調製が始まる、補正登録の制度が導入された
1997年公選法改正	年4回	実施	職権主義	選挙人名簿の磁気ディスク等による調製が可能になった
2016年公選法改正	年4回	実施	職権主義	選挙権を有しているにもかかわらず、選挙人名簿に登録されないために選挙権を行使できない事例が救済されるようになった
2016年公選法改正	年4回	実施	職権主義	都道府県選挙の選挙権の特例の廃止された

図表 4-1　戦後の選挙における選挙人名簿登録方法の変遷

出典：出典：河村和徳（2021）『電子投票と日本の選挙ガバナンス―デジタル社会の投票権保障』慶應義塾大学出版会、表１－３

この「中央が権限や財源を留保し、その執行を自治体に委ねる」というスタイルを指して、「集権・融合型システム」と呼びます。日本は中央集権的な国ですが、選挙行政は国と地方が協力して行うデリケートな仕組みを採用しているのです。

この集権・融合型の仕組みには、「災害時の水平支援は容易だが、垂直支援は容易ではない」という特徴があります。

水平支援とは、ある自治体が災害等で困難な状況に陥ったとき、他の自治体から職員を派遣して助ける仕組みです。

一方、垂直支援とは災害時に、上位政府が職員を下位政府に派遣して助ける仕組みになります。例えば、国家公務員を地方自治体に派遣して事務を手伝わせるのが該当します。

「災害時の水平支援は容易だが、垂直支援は容易ではない」ことが実際に発生した事例として挙げられるのが、東日本大震災直後の選挙です。２０１１

年秋に行われた被災地の地方選挙は、特別区や政令指定都市などの自治体から派遣された多くの職員の支援で実施することができました[2]。

細かい部分では自治体ごとで作法が異なるものの全国的にルールが統一されていたため、被災自治体で不足していた選挙実施のためのマンパワーを派遣職員で埋めることができたのです。

垂直支援が困難な事例は、2011年4月の統一地方選挙の中で行われた千葉県議会議員選挙浦安市選挙区で起こっています。浦安市選挙管理委員会が「公共施設の被災で投開票所の安全性が確保できない」と、投開票事務の執行を拒否する状況が発生したのです。

その際、総務省は、「県が代執行することはできず、強制力もない」という見解を示しています[3]。この見解は「選挙の事務に直接携わったことのない総務省職員や千葉県職員が浦安市職員の代わりに投開票事務を行えるか」という現実的な問題があること、すなわち垂直支援が容易ではないことを示唆しています。

選挙人名簿の登録も、選挙が集権・融合型で行われている象徴と言えます。もし、市区町村が選挙人名簿を調製することができなかったら、選挙を実施することは現実的に不可能です。選挙人名簿の調製ができないことは、大規模自然災害時に選挙を延期する1つの理由となるのです。

未曾有の大災害であった東日本大震災では、被災者・避難者は被災自治体から各地に散ってしまいました。被災自治体（の選挙管理委員会）は、「誰がどこに避難しているのか」を確定する作業に多くの時間を割かざるをえませんでした。また被災者・避難者の中には親族・知人宅を転々とした者もおり、そうした影響によって、被災自治体から彼らへ郵送物がなかなか届かないという状況も生みました[4]。

なお、日本では公職選挙法で選挙実施を繰り延べることが可能です。しかし、阪神・淡路大震災や東日本大震災の被災地では選挙が実施できる目途が予想できなかったこともあり、法令による特例で選挙が延期されています[5]。

4・2 欠点がある選挙人名簿の分散管理

情報化が進んだ現代において、選挙人名簿の調製を効率的に行いたいのであれば、中央選挙管理委員会が選挙人名簿を一元的に管理することが最も効率的です。一元的に管理できれば、転居情報など様々な情報の管理が容易になるからです。またシステムの管理コストを圧縮できるといった財政上の効果も期待できます[6]。

これは有権者にとってもメリットがあります。それは投票区外投票(定められた投票所以外での投票)が容易になるというメリットです。

たとえば、行政のデジタル化が進んだ韓国では、国政選挙での期日前投票を全国どの期日前投票所でも実施できるようシステムが構築されています。そのため、コロナ禍の選挙の際、「密」になりそうな期日前投票所を回避し、すいている別の自治体に設置されている期日前投票所で投票をすませた、という有権者もいたそうです[7]。

韓国でそれが可能であるのは、中央選挙管理委員会によって選挙が一元的に管理され、また、投票所間で選挙人名簿を電子的な形で共有できる環境が整っているためです。

しかし、日本には中央選挙管理委員会はありませんし、選挙人名簿は自治体で分散管理しています。韓国のような、自治体外の投票所でも容易に投票できる環境は整っていません。

私が思う選挙人名簿を分散管理する最大の欠点は、記載漏れが生じる可能性があるという点です。選挙権があるはずなのに名簿から漏れてしまう人が生じてしまうのです。

日本では、住民基本台帳を基準に選挙人名簿を調製しますから、選挙人名簿に載るためには住民登録されていなければなりません。その一方で、偽装転入の防止などの観点から、公職選挙法施行令第12条では、「被登録資格を有することについて確認が得られない者を選挙人名簿に登録してはならない」としています。

この2つから、「住民登録はしているけれども生活の実態がない有権者は選挙人名簿に載らない」ということが導き出されます。

それがわかると、どこかの自治体に住民登録をしているのかもしれないけれども、生活の拠点がどこにあるのかわからないホームレスは、選挙人名簿に載らない可能性が高いことに気づきます。選挙権を行使できないと訴訟したホームレスの方が過去いたと聞きます。[8]

また住民票を移さず、寮生活を送りながら学校に通う高校3年生や大学生も、過去の判例に則すならば、選挙人名簿に名前が載らない可能性がある有権者と言えます。

住民票のある実家の自治体では生活の実態がないために選挙人名簿に掲載されず、一方、寮のある自治体の選挙人名簿にも住民基本台帳に登録されていないので載りません。[9]

生徒や学生が住民票を移さないことにも問題はあります。ただ、学生寮を生活の根拠とする判例が1954年の最高裁判例であり、時代にそぐわない判例が根拠となるのはどうかと思います。少なくとも国政選挙で「どの自治体の選挙人名簿にも名前が載らないので投票できない」という有権者が発生する状況は生じてはならないと思います。もし、全国で選挙人名簿を一元管理していればこのような事案は生じないでしょう。[10]

4・3 有権者登録を選挙の駆け引きに利用する国も

日本では、職権主義で有権者登録が行われるため、「有権者登録が選挙の駆け引きに利用される」と言われてもピンとこないかもしれません。しかし、申請主義の国の中には、あえて申請をしづらくすることで選挙戦を有利にしようとする動きも見られます。

申請主義の国では、有権者名簿への登録をしないと投票できません。そのため、有権者登録のために役所等に出向く必要があります。

もし役所までの距離が遠かったらどうでしょう。「投票所が遠いから」と選挙を棄権する有権者がいるように、有権者登録所が遠いからと登録を断念してしまう有権者もいるに違いありません。

有権者登録所での本人確認を厳密にしたらどう

でしょう（たとえば、身分証を持参しないと登録しないなど）。厳密にすれば選挙の公正さはより担保されますが、身分証を忘れた人は登録できないでしょうし、身分証が手許にない人はそもそも登録させてもらえないことになります。

　このように考えてみると、有権者登録を厳密にすればするほど、有権者登録所を集約すればするほど、生活に余裕のない弱者やマイノリティは有権者登録できず、結果、投票できない状況に陥ることになります。

　ここから、低所得者やマイノリティから強い支持を受けている政党は有権者登録をより緩和しようとし、高所得者から強い支持を受けている政党はより厳しくしようとするインセンティブを持つことに気づくことができます。すなわち、申請主義の国では、有権者登録を厳しくするか、容易にするかといった方向性に政治的な思惑が入り込みやすく、そしてそれは選挙の結果を左右するポイントになる可能性があるのです。

　2020年アメリカ大統領選挙の際、劣勢のトランプ大統領（当時）は郵便投票を不正の温床と名指ししました。共和党が強い州の中には、選挙の公正の名の下に、本人確認を厳格化したり、郵便投票の要件を厳しくしたりすることで民主党支持者が多いとされる低所得者層やマイノリティの投票のハードルを上げたところもありました。[11] しかし彼は、これを批判しませんでした。

　職権主義の日本では考えられない政治的駆け引きが、アメリカなど申請主義を採用している諸外国では行われているのです。

【注】

1　河村和徳（2021）『電子投票と日本の選挙ガバナンス――デジタル社会の投票権保障』慶應義塾大学出版会。図表から、住民基本台帳制度の創設が選挙人名簿の調製と大きく関係していることもわかります。最近では、選挙権年齢の引き下げと住民基本台帳ネットワークに全ての市町村が接続したことに伴う改正が2016年に行われています。住基ネットワークによって転居履歴の追跡が容易になったことが、その背景にあります。総務省「都道府県選挙の選挙権の取扱いについて」https://www.soumu.go.jp/main_content/000297086.pdf（2023年5月29日閲覧）

2　河村和徳・湯淺墾道《はるみち》・高選圭《コソンギュ》［編著］（2013）『被災地か

ら考える日本の選挙――情報技術活用の可能性を中心に』東北大学出版会。

3　「浦安選挙区の再選挙　説明会に4陣営出席」『読売新聞』2011年5月7日。なお、再選挙は、約1か月後の2011年5月に実施されました。

4　被災自治体の中には、避難先の情報を提供してもらうため、義捐金《ぎえんきん》の支給手続きなどと抱き合わせする形で情報提供を呼びかけたところもありました。「被災者は義捐金の支給など支援に関してならば返信してくれると思ったから」というのが理由だそうです。三宅島の全島避難のように、多くの被災者がまとまって避難していれば有権者の確定はもう少し楽だったと思われます。2024年1月1日に発生した令和六年能登半島地震で集団での二次避難が試みられているのは、そうした教訓に基づいたものと言えます。「空自機で2次避難開始　能登地震、「非常災害」に指定」『朝日新聞』2024年1月20日など。

5　河村・湯淺・高、前掲書。

6　選挙人名簿管理システムの標準化は令和7年度末を目標に着手されてはいますが、その作業は各選管に依頼する形となっています。笠置隆範（2024）「年頭に臨んで」『月刊選挙』2024年1月号、2―3頁。

7　高選圭（2020）「ウィズ・コロナ（With Corona）時代の選挙防疫と2020年韓国総選挙」『月刊選挙』2020年8月号～10月号（連載）。ただし、投票用紙の送付の関係等から、日本のように投票日の前日まで期日前投票ができる制度にはなっていません。

8　長谷川貴陽史《きよし》（2017）「ホームレスと選挙権――土地から切り離された個人の同定について」、糠塚康江《ぬかつかやすえ》［編著］『代表制民主主義を再考する――選挙をめぐる三つの問い』ナカニシヤ出版、141―162頁。

9　実際、2016年参議院通常選挙において、住民票のある実家の自治体の選挙人名簿に載っていないため投票できないという高校生がいたことがニュースとなりました。「下宿生の一票、割れる選管　住民票が実家のまま→投票できぬ例も」『朝日新聞』2016年6月29日。

10　ただし、投票する選挙区をどうするかという問題は残ります。

11　三牧《みまき》聖子「（あすを探る国際）投票権は人権、草の根の闘い」『朝日新聞』2020年11月26日など。

第5講　投票弱者と投票権保障　より投票しやすい環境を考える際に

KEY POINTS

- 投票したいのにできない人の投票権を保障すべき
- 投票権保障策は投票環境の改善だけではない
- 技術が進めば投票弱者対策も変わる

第5講のねらい

投票率の低い選挙で選ばれた政治家の発言力は、投票率の高い選挙で選ばれた政治家のそれよりもどうしても低くなります。できる限り、投票率が高い選挙で政治家は選ばれることが望ましいと言えます。

１９９０年代以降、投票率の低下が顕著であるため、投票しやすい環境をつくるべくさまざまな改革が行われてきました。その代表的なものが「期日前投票制度」の導入です。投票日当日の投票時間を延ばしたのもその一環と言えます。ただ、投票率を上げる方策は、有権者のほとんどに恩恵があることを意識したものばかりではありません。

私が委員として参加した総務省「投票環境の向上方策等に関する研究会」は、その報告書に「投票環境における制約から有権者に有効な投票機会を提供できていない側面があるのであれば、少なくともそのような制約についてはできるだけ解消、改善し、有権者一人一人に着目した更なる投票機会の創出や利便性の向上に努めていくべき[1]」と記述しました。

この記述は、投票したいのに投票できない人の投票権を保障すべきという考え方を採るべきだ、と言い換えることができます。投票権保障の観点から投票できる環境を整えることも、投票率を上げる大事な策と言えます。

投票したいのにもかかわらず容易に投票できない有権者を指して、私たちは「投票弱者」としばしば表現します。彼ら／彼女らの参政権を尊重し、投票できる環境を整えることは非常な大事なことです。

　第5講では、投票弱者と彼ら／彼女らに対する「投票権保障」について総論的な解説を行いたいと思います。

5・1 投票環境の改善だけが投票権保障策ではない

「投票弱者に対する投票権保障」と聞くと、多くの読者は、投票所をバリアフリー化したり、投票所に行かなくとも郵便で投票できるようにしたりすることを思い浮かべるのではないでしょうか。投票箱を載せたバスが自宅近くの特定の場所まで来る巡回型移動期日前投票車（**写真**）や家から投票するリモート・インターネット投票（どこでも、どの情報端末からでもインターネットを介して投票できる投票）をイメージする人もいるかもしれません。

　これらは、投票権を保障する方策の1つであることは間違いありません。しかしながら、選挙管理の国際比較研究では、投票権保障策は投票環境の改善ばかりではないと考えます。有権者登録等の手続きを緩和したり、投票を判断する選挙情報へのアクセスを容易にしたりすることも、投票権保障の方策と位置付けられています。

　たとえば、東日本大震災の影響で延期された2011年秋の東北被災三県（岩手・宮城・福島）の地方選挙では、被災者や避難者は投票先を判断する選挙情報をなかなか得られないという判断から、選挙公報のWEB掲載が認められました。これは選挙情報へのアクセスの視点から行われた投票権保障策と言えます。[2]

写真　愛知県豊田市の期日前投票所（車）
出典：豊田市公式 X（旧 Twitter）（2019 年参院選）

　不在者投票は、投票日当日投票所投票主義の立場からすると特例の仕組みです。そのため、不在者投票を行いたい人は、郵便で投票用紙等の送付を申請し、選管から送られてきた投票用紙に投票先を記入してまた送り返すといった手続きをしなければなりません。

最近、マイナポータルの「ぴったりサービス」で不在者投票の投票用紙等をオンライン請求できるサービスに取り組んでいる自治体があります。[3] このサービスは、郵便の手間の一部を省略しますので、(広い意味で) 有権者登録等の手続き緩和に関する投票権保障策とみなすことができます。

5・2 「投票弱者」は誰なのか

さて、投票弱者として考えられる有権者について少し整理してみたいと思います。先ほど述べた投票権の保障策も考慮に入れて考えると、

① 何らかの事情で投票所に足を運ぶことが困難な有権者

② 障がいや身体機能の衰えで投票することが困難な有権者

③ 何らかの事情で選挙のための情報が入手できない有権者

これらのいずれかに該当する有権者が投票弱者と言えるかと思います。

投票弱者と聞いてすぐに思い浮かぶのは、障がい者の方やお年寄りです。健康な若者に比べ、彼ら／彼女らは投票所に足を運ぶことが容易ではありません。障がいや加齢によって投票先を自書することが困難な人もいます。そのため、①や②に該当する投票弱者とみなすことができます。

住民票を置いて下宿生活をしている大学や海外派遣されているサラリーマン、PKO派遣された自衛隊員や南極地域観測隊の隊員は、①と③に該当する投票弱者と言えます。

インターネットの普及とネット選挙運動の解禁もあって、③の有権者は減りつつあります。ただ、限られた情報の中で投票しなければならない大規模自然災害によって被災した人や遠方に避難している人は、この投票弱者に該当すると言えます。

新型コロナに感染し自宅隔離を求められている有権者は、隔離期間だけ①に該当する投票弱者と言えるでしょう。

さまざまな投票弱者の中で我々が見落としがちな有権者がいます。それは日本語の読み書きが苦手な

人々です。日本は他国に比べ識字率が高い国とみなされています。また公用語は日本語のみです。日本の選挙で自書式投票が採用できるのは、そのためです（第3講参照）。しかしながら、そうであるが故に日本語の読み書きが苦手な有権者に対する配慮は欠けやすいと言えます。

海外で生まれ育った日本人の中には、日本語をふだん使わないので日本語が苦手という人もいます。[4]

成人後に視力を失った視覚障がい者の方から「点字を学んでいないので、投票参加にさまざまな障壁がある」ということも聞きます。[5]

ところで、選挙史的に見て、もっとも早くに投票弱者と認識されたのは誰でしょうか。高齢者や障がい者だと思った人が多いかもしれませんが、それは普通選挙や平等選挙といった選挙の原則が共通理解となった現代的な発想です。

実は、歴史的に見て選挙史初期に投票弱者と考えられたのは軍人でした。制限選挙時代、彼らは限られた有権者でありながら、出兵などで投票しづらい環境に置かれる存在でした。不在者投票は、彼らのための投票権保障策として出発したと言われています。[6]

5・3　投票技術の進展と投票弱者への投票権保障

かつて、有権者であるのにもかかわらず、東京都の青ヶ島村の村民は公職選挙法施行令147条の規定（当時）によって国政選挙・都政選挙に投票できませんでした。[7]通信網が未熟で、かつ輸送能力が低かったため、青ヶ島村に選挙情報を伝え、投票を行い、そしてその結果を本土へ通知することが容易ではなかったからです。輸送網や通信網の整備というインフラ面の改善などもあり、国政選挙・都政選挙で投票できないという制限は1950年代には撤廃されています。[8]

青ヶ島村の事例は、投票権保障が、輸送技術や通信技術といった投票技術（voting technology）と密接に結びついていることを示しています。技術が発達しそれを活用することができれば、投票弱者を減らすことができるのです。

この20年、リモート・インターネット投票に関する技術は格段に進歩しています。投票技術的には、宇宙ステーションに滞在する宇宙飛行士であっても投票することが可能な時代が到来しています。[9]

世界の選挙民主主義国家は、投票日当日に投票できない有権者や投票したくとも投票が容易ではない投票弱者のため、代わりとなる投票制度を創設・拡充してきました。これらの制度の代表格と言えるのが、「事前に投票する投票（投票期日前投票、early in-person voting）」と「投票用紙を選挙管理機関に郵送する投票（郵便投票、mail voting）」です。エストニアで行われているインターネット投票制度は投票日前に利用できる仕組みですので、期日前投票と郵便投票の双方の系譜に連なるものと言えるでしょう。

ただ、投票弱者が投票しやすい状況を作り出すとした場合、（狭義の）投票環境の改善策は、投票技術と結びつけた方が理解しやすいと思います。

私は、選挙環境の改善に資する重要な投票技術は、2つあると思っています。1つは、投票所からの（時間）距離を短くさせる技術、もう1つは投票に必要な身体的機能を補完する技術です。前者は投票所に赴くコストを低減させる技術と言い換えることができ、後者は障がいや老化等で投票が困難な有権者の投票コストを軽減させる効果がある技術とも言えるでしょう。

図表5-1は、「投票所からの距離」と「投票に必要な身体的機能」という2つの軸を用いて、現行の不在者投票などの制度や各選管が任意で行っている投票権保障の取組みを布置したものです。括弧の外側は制度化されているもの、内側は選挙管理委員会が任意で行っている取組みとなります。

投票技術がアップデートしていけば、投票弱者の投票権保障策も変わってくると思います。たとえば、現在の代理投票制度は、精巧な義手が実用化されれば利用者は激減するかもしれません。リモート・インターネット投票が実現すれば、視覚障がい者の多くは自宅での投票を選択するように思います。[10]

ただ、インターネット投票のように、技術的に可能であっても、自由選挙や秘密投票の観点から導入が難しい場合もあります。[11] 投票技術のアップデー

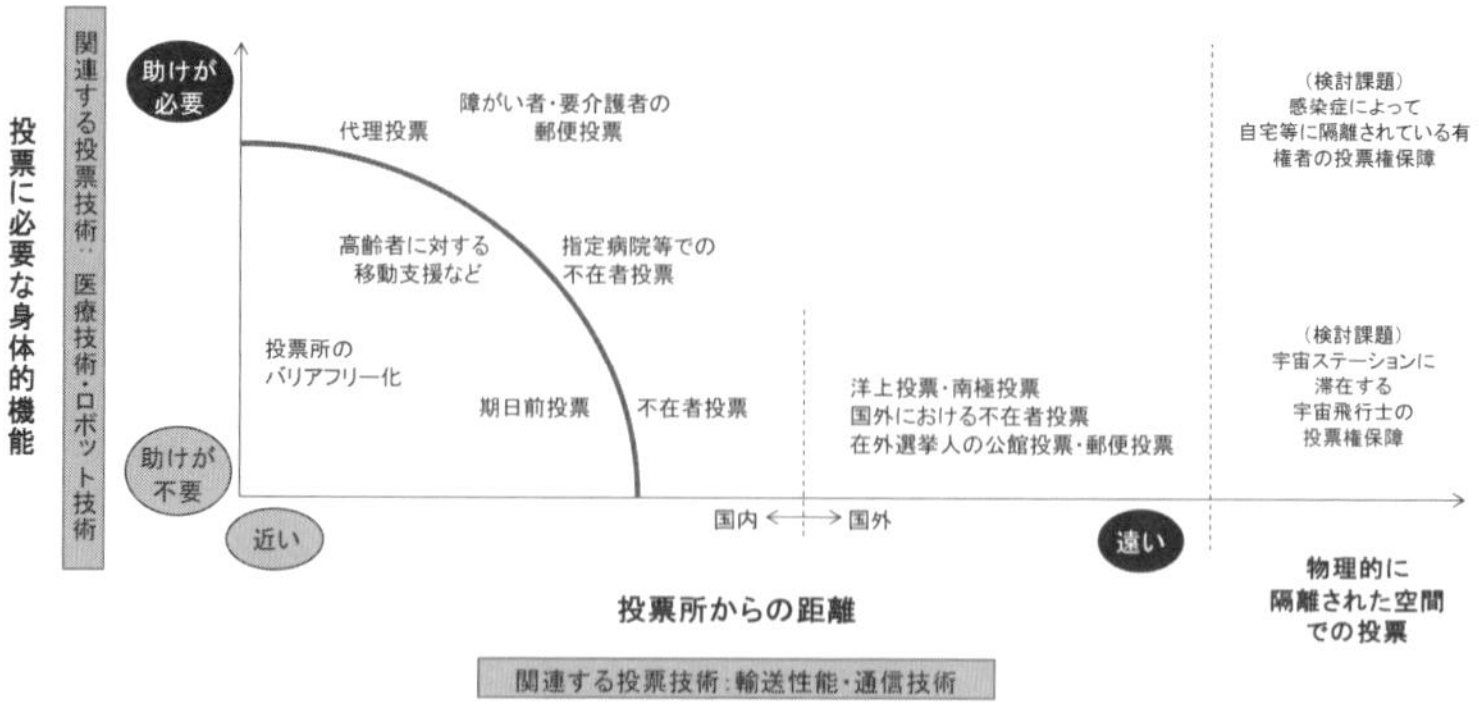

図表５－１　投票技術と投票権保障の取組みの空間配置　出典：河村和徳（2021）『電子投票と日本の選挙ガバナンスーデジタル社会の投票権保障』慶應義塾大学出版会。

トが即、投票権保障に資する訳ではないのです。なお、情報を収集できない投票弱者に対する投票権保障策も、技術と密接に結びついています。テレビでの政見放送や選挙公報のＷＥＢ掲載も、情報通信技術の発展があって可能になったものです。最近では、障がい者のために、投票所の入場整理券に点字シールを貼ったり、投票所にコミュニケーション・ボードを置いたりという取組みもなされています。[12] ホームページ上の選挙公報ファイルを音声読み上げ対応させている選管もあります。

　更に、マスコミの中には、投票先に迷う有権者に対して、政党・候補者との距離を教えてくれるボートマッチという仕組みを提供するところもあります。[13] 日本では、選挙管理委員会がそれを行うことは適切ではないと判断されていますが、[14] ボートマッチサイトの設置も投票権保障の取組みの１つとみなすことができるでしょう。

【注】

1　総務省「投票環境の向上方策等に関する研究会」https://www.soumu.go.jp/main_sosiki/kenkyu/touhyoukankyou_koujyou/index.html（２０２３年５月１日閲覧）

2　東日本大震災の被災者・避難者に対する投票権保障策としてスタートした選挙公報のＷＥＢ掲載ですが、その後、被災地限定が解除され、全国的な制度となって今日に至っています。河村和徳・湯淺墾道《はるみち》・高選圭《コソンギュ》［編著］（２０１３）『被災地から考える日本の選挙―情報技術活用の可能性を中心に』東北大学出版会。

3　総務省「投票制度」https://www.soumu.go.jp/senkyo/senkyo_s/naruhodo/naruhodo05.html（２０２３年５月３日閲覧）

4　私がブラジルなどでヒアリングした際、選挙公報を通訳してもらったり、投票用紙に名前を書く練習をしたりして投票に臨む人がいるということを教わりました。

5　つくば市のスーパーシティ特区におけるインターネット投票の実証実験の際、筑波技術大学の学生さんが指摘していました。河村和徳・伊藤裕顕（２０２３）「被災地選挙の諸相　インターネット投票の技術検証から考える障がい者投票権保障」『月刊選挙』２０２３年３月号、16―20頁。

6　関連して、海外には「軍人不在者投票（military absentee voting）」として、軍人・軍属のための特別な投票制度を準備しているところもあります。

7　１９５０年5月から１９５６年7月までです。

8　榎澤幸広（２０１１）「公職選挙法8条への系譜と問題点―青ヶ島の事例をきっかけとして」『名古屋学院大学論集 社会科学篇』第47巻第3号、１１９―１３６頁。

9　アメリカの宇宙飛行士は宇宙ステーションからの投票を既に行っています。たとえば、「宇宙から一票を　国政選　実現する日は…　米国　ネット投票で可能」『読売新聞（夕刊）』２０２１年10月27日。

10　河村・伊藤、前掲。

11　河村和徳（２０２１）『電子投票と日本の選挙ガバナンス―デジタル社会の投票権保障』慶應義塾大学出版会。

12　関連して、ＮＨＫは障がい者の投票ハードルを下げるための特集を企画しています。ＮＨＫ「みんなの選挙」https://www3.nhk.or.jp/news/special/minnanosenkyo/（２０２３年５月５日閲覧）

13　たとえば、ＮＨＫは２０２３年統一地方選挙府県議選を対象にボートマッチサイトを開設しています。ＮＨＫ「統一地方選２０２３　府県議選ボートマッチ」https://www.nhk.or.jp/senkyo/database/touitsu/survey/votematch_kengisen/（２０２３年５月５日閲覧）

14　たとえば、杉並区選挙管理委員会は選挙啓発の観点からのボートマッチ実施を検討しましたが、総務省選挙部からの技術的助言を受け、実施を断念しています。杉並区「投票マッチング（ボートマッチ）の中止について（5年2月15日）」https://www.city.suginami.tokyo.jp/news/r0502/1080399.html（２０２３年５月５日閲覧）

第6講　高齢時代を意識した投票権の保障策

KEY POINTS

- 高齢社会を意識した投票権の保障策を考えるべき
- 「投票箱が近づく」方が投票権保障にあたって効果的
- コロナ禍を機に高齢社会の投票環境の見直しを

第6講のねらい

高齢ドライバーのブレーキとアクセルの踏み間違いによる重大事故がニュースで流れていることもあり、最近、高齢者に対する運転免許証返納の社会的圧力が強まっているように思います。実際、免許証を返納すると特典がつくなどのキャンペーンも行われています[1]。

鉄道や路線バスなど公共交通が充実している都市部では、日常生活に対する免許証返納の影響は少ないでしょう。しかし、近くのコンビニへ行くのにも車を使う「車社会」では、免許証返納は死活問題です。日常の買い物だけではなく、投票所に足を運ぶことも困難になってしまいます。特典をつけてまで免許証返納を進めているのは、裏を返せば、そのような特典をつけても免許証返納が進まない実態を示しているのだと思います。

人間は誰しも老います。老いれば投票所に足を運ぶことが困難になり、投票所の些細な段差にもつまずくようになります。運動機能が衰えれば投票用紙に自書することも容易ではなくなります。

国立社会保障・人口問題研究所が２０２０年の国勢調査のデータを用いた人口の将来推計によると、２０５０年には東京都を除くすべての道府県で人口が減少し、市区町村レベルでもほとんどのところで２０２０年よりも人口が下回るそうです[2]。総人口に占める65歳以上人口の比率（高齢化率）はすでに約3割にもなっており、日本は高齢社会に突入しています。２０２２年時点で高齢化率が最も高いとされる秋田県では現在38・６％、２０４５年には50％を超えると推計されています[3]。

そのため、高齢社会に向けて投票環境を見直す選挙管理委員会も現れつつあります。２０２３年統一地方選挙で北海道士幌町選挙管理委員会は、自宅まで期日前投票車を巡回させる取組みを実施しました[4]。投票所に足を運ぶことが困難な有権者に対し、タクシーによる移動支援を行っているところもあります[5]。

これらの取組みは、第5講の図表5-1で示した「投票に必要な身体的機能」の軸に該当する投票権保障策と言えます。第6講では、これの動向について述べることにします。

6・1　高齢社会を意識した投票権保障策

「運転免許証を返納してしまうと郡部の高齢有権者の行動範囲は一気に狭まる」という話を先ほどしましたが、厳密に言うと、ある高齢者が免許証を返納したらすぐにそうなるという訳ではありません。

コミュニティバスなど「地域の足」があったり、地域のコミュニティが健在で相乗りが可能な環境が維持できていたりすれば、すぐにそうなることはありません。地域交通がなく、相乗りできる環境が失われたとき、たとえば集落の住民すべてが免許証を返納してしまい、親族は遠方に住んでいて日々の支援が受けられないようになったとき、それは急に顕在化するのです。

ここで考えなければならないのは、「投票所に足を運べない高齢の有権者が増えたから、彼ら／彼女らの自宅の近くに投票所を設置する（すなわち、投票所を増やす）」という選択肢が採れない点です。高齢社会の次に来るのは人口減少社会であり、人口が減るなら投票所はむしろ減らした方がよいという発想にならざるをえないからです。

それに、地方自治体の多くは、とりわけ過疎高齢化が著しい自治体は財政難です。投票立会人[6]や選挙管理の職員を確保することに難儀している零細自治体も少なくありません。「投票日当日の午後は誰も投票しに来ないのだから、投票所を開けておくことはムダ」という声もあり、投票所を減らす方向に圧力がかかっていますし、それは「平成の大合併」で合併したところほど強いと思われます。[7]

ただ、投票所の数を減らしてしまうと、指定された投票所までの距離が遠くなる人が増えます。投票所の距離が遠くなると有権者が棄権する可能性が高まることもわかっています。すなわち、投票所が減る環境を放置することは投票率低下を助長することになるのです。選挙で選ばれる政治家の民主的正統性の観点から、それは望ましいとは言えません。

総務省「投票環境の向上方策等に関する研究会」は、その報告書冒頭で「投票環境における制約から有権者に有効な投票機会を提供できていない側面があるのであれば、少なくともそのような制約についてはできるだけ解消、改善し、有権者一人一人に着目した更なる投票機会の創出や利便性の向上に努めていくべきである。[8]」と述べています。誰でも老いるという観点から、投票所に足を運べない人々の投票権保障を意識した取組みを考えるべきなのです。

6・2 投票箱に近づく方がいいのか、投票箱が近づく方がいいのか

高齢化が進んだ地域における投票権保障を考えるにあたって有効なのは、投票したい有権者（選挙人）と投票箱との距離関係で考えることです。その視点で考えると、投票権保障策は、

① 郵便投票のように在宅で投票できる方法

②及び③ 選挙人を投票箱に近づける方法（言い換えれば、投票所に赴くコストを軽減する方法）

そして、

④ 投票箱が選挙人に近づく方法（移動期日前投票所（車）が地域を巡回する方法）

が考えられます（図表6-1）。①の取組みをより活用するには、基本的に法改正が必要です。高齢者のための取組みとして、いま各選管が力を入れているのは、士幌町の事例を紹介したように、図表中、②から④の取組みになります。

私は、市町村アカデミーや全国市町村国際文化研修所で行われる選挙事務の講義で、投票環境向上策についての講義を担当しています。そのため、しばしば受講する選管事務局職員から、「もし実施をするなら『投票箱に近づく』取組みと『投票箱が近づく』取組みのどちらがよいか」と質問されます。もちろん両方実施するのが望ましいのですが、財源が限られているのでどちらかしかできない、という状況が質問の背景にあるようです。

もちろん、自治体の置かれている環境によってメリットは異なるので、どちらがよいかを一概には言えないのですが、私としては、移動期日前投票車で地域を巡回する「投票箱が近づく」取組みの方が選挙行政的にやりやすいと思います。理由は次の2点です。

私が経済産業研究所の研究プロジェクトで提出したディスカッションペーパー[9]によると、村レベルでは公用車による送迎が主流で、町レベルでは公用車による送迎をするところもあれば、コミュニティバスの運賃支援を実施したり、タクシーによる送迎を行ったりと多様性があります。市レベルでは、オンデマンド的に対応するため、タクシーによる送迎を利用するスタイルが中心となっています。

これらの移動支援には次のような難点があります。その1つが「ノー・ショウ（No Show）」リスクです（連絡なし「NO SHOW」で姿を見せることがない、の意）。すなわち、送迎を予約したけれども待ち合わせ時間に現れないリスクがあるのです。「近所の人に投票所まで乗せていってもらって、役場に連絡し忘れた」というのは一見微笑ましいですが、予算を準備したのに使われなかったというのでは、次の選挙での需要予測を難しくしますし、予算を認めてもらいにくくなります。

大型商業施設に期日前投票所が設置されており、コミュニティバスの運賃支援があったとします。この場合の運賃支援の主たる目的は「投票に行くこと」です。しかしながら、人によっては、大型商業施設に行くお金を浮かせることが主で投票を従と考えてしまう人もいます。これは補助の適正利用とは言い難いです。こうした点も難点と言えます。

一方、期日前投票所を巡回させる方式、すなわち投票箱が近づく方式は、計画的に実施することができます。「〇曜日の何時から何時の間まで、旧役場跡で期日前投票ができます」とアナウンスすれば、一定の利用者が見込めるからですし、それは過去の事例が証明しています。計画的に実施しやすいのであれば予算化もしやすいと言え、選管事務局的にとってこの点はありがたいと思います。前出のディスカッションペーパーに記載していますが、期日前投票車が巡回する手法を実施している選管のうち、約7割の選管は廃止されたかつての投票所を巡回先にしているそうです。投票所を廃止したので巡回型期日前投票を行っていると言えるでしょう。

		投票当日投票所投票主義の視点	
		投票期日前に投票を行う	投票当日に投票する
選挙人と投票箱の関係性の視点	選挙人と投票箱の距離はかわらない	①不在者投票（郵便投票・指定病院等の不在者投票）（選管に裁量なし）	
	選挙人が投票箱に近づく	②期日前投票所までの移動支援	③指定された投票所までの移動支援（共通投票所含む）
	投票箱が選挙人に近づく	④移動期日前投票所（車）の実施	

図表6－1　投票所と選挙人との関係

出典:河村和徳（2021）『電子投票と日本の選挙ガバナンスーデジタル社会の投票権保障』慶應義塾大学出版会、表8-1を一部修正。

投票箱が有権者に近づく方式は、現時点では、地域の足がない高齢者のための取組みという側面だけでなく、投票所を減らした償い的な側面もあると言えるのです。

6・3　新型コロナ禍を制度見直しの契機ととらえる

新型コロナウイルスの感染が世界規模で拡大した2020年に実施されたアメリカ大統領選挙では、投票しやすいようにと郵便投票の条件を緩和した州がありました。ただ共和党が強い州の中には、「選挙不正が起こる」と郵便投票の条件をより厳しくしたところもあります。

郵便投票は「立ち会いなき投票」方式ですから、不正が起こる確率はどうしても高まります[10]。ただ、投票したくてもできない有権者もいるわけですから、投票権を保障することと不正が発生することを天秤にかけ、どのあたりであったらよいのか、落とし所を考える必要があります。

第2講で指摘したように、日本の選挙制度は過去の選挙不正の歴史の上に成り立っています。そのため、日本の選挙制度は投票権保障よりも、選挙の不正防止が相対的に重視される傾向があります。日本で郵便投票できる者の条件が厳しくなっているのは、過去の不正の影響で郵便投票が一度廃止された歴史があるからです。現在の郵便投票の仕組みは、障がい者団体などが長い時間をかけて働きかけたことによって、やっと復活した史実の上にあるのです[11]。

2024年1月現在、郵便投票の利用申請ができるのは、「在外選挙人」「身体障害者手帳か戦傷病者手帳を持つ一定以上の障がいを持つ選挙人」「介護保険で要介護5の選挙人」です。要介護5の者が郵便投票できることになったのは、彼ら／彼女らのほとんどが「寝たきり」だからです。ただ、要介護3や4の人でも、ほぼ寝たきりで自宅から外に出ることが困難な人はいます。

前出の総務省「投票環境の向上方策等に関する研究会」では、要介護3あたりまで緩和してよいのではないかと提案しています。介護保険法施行規則において、特別養護老人ホームに入所できる要介護者として要介護3以上の者を定めているなどの理由からです。高齢者が増えることを考えると、郵便投票の制度の周知はもちろん、より使いやすくするような検討は必要だと思います[12]。

それ以外にも考えなければならない課題はあります。たとえば、不在者投票できる病院や介護老人保健施設、老人ホーム、保護施設、身体障害者支援施設（指定病院等）を増やすことです。これらの指定施設に入院・入所している有権者は条件が揃えば施設内で不在者投票をすることができます。しかし、指定を受けていない施設に入院・入居してしまうと不在者投票ができません。これでは不公平です。

もちろん指定を受けていない病院等の側にも言い分があります。この制度は、施設側の看護師や職員などが選挙事務を行うことで成り立っています。マンパワーが充分ではないから「不在者投票の事務は受け持ちたくない」「そもそもできない」と思う施設の経営者はいるでしょう。

また成年被後見人の選挙権回復に伴う公職選挙法改正の際、公正確保の観点から外部投票立会人に立ち会わせることが努力義務化されています。[13]これも施設側には負担になっているようです。

私個人の意見としては、コロナ禍もあったことから、指定病院等の不在者投票のあり方ややり方を見直すべきかと思います。

コロナ禍では、病院や介護施設の中には感染リスクを抑える観点から、見舞いを禁じたり、入院者・入居者の外出を禁じる措置を採ったりしたところがありました。こうした対応は感染拡大防止の観点からは致し方ない措置ですが、これを、指定を受けていない病院等が行ってしまうと、入院者・入所者は投票所に足を運べず、かつ不在者投票もできない状況が生み出されることになります。これは権利侵害です。[14]またコロナ禍では、外部投票立会人が施設内に入ることは憚《はばか》られました。

今後も、そうした状況が発生するかもしれません。コロナ禍の教訓として、投票所にカメラを設置しオンラインでの立ち会いを検討する時期に来ているのではないでしょうか。[15]新型コロナ禍は、高齢社会における投票環境のあり方を考える貴重な機会だったように思えます。

【注】

1　全日本指定自動車教習所協会連合会「運転免許証の自主返納をお考えの方へ～各種特典のご案内～」https://www.zensiren.or.jp/kourei/return/relist.html（２０２３年12月31日閲覧）

2　ＮＨＫ ＮＥＷＳ ＷＥＢ「人口減少の日本　２０５０年にはどうなる　最新データからわかること」https://www3.nhk.or.jp/news/html/20231222/k10014296071000.html（２０２３年12月26日閲覧）

3　内閣府『令和５年版高齢社会白書』https://www8.cao.go.jp/kourei/whitepaper/w-2023/zenbun/05pdf_index.html（２０２３年12月31日閲覧）

4　ＮＨＫ北海道「２０２３統一地方選　プチトリビア」https://www.nhk.or.jp/hokkaido/articles/slug-nfe254fc54d91（２０２３年12月31日閲覧）

5　たとえば、宮城県気仙沼市で試みられています。気仙沼市「投票所へのタクシーによる移動支援を行います」https://www.kesennuma.miyagi.jp/sec/s157/010/010/020/040/senkyo_idousien.html（２０２３年12月26日閲覧）

6　投票立会人については、最終講の議論も参照してみてください。

7　茨木瞬・河村和徳（２０１６）「なぜ自治体は投票所を減らすのか？：投票所統廃合に関する計量分析」『横浜市立大学論叢社会科学系列』第67巻1号、１７３―１９５頁。

8　総務省「投票環境の向上方策等に関する研究会報告」https://www.soumu.go.jp/main_content/000438863.pdf（２０２４年2月15日閲覧）

9　河村和徳（２０２２）「コロナ禍における日本の選挙ガバナンス：全国市区町村選挙管理委員会事務局調査の結果から」RIETI Discussion Paper Series 22-J-040。https://www.rieti.go.jp/jp/publications/summary/22110008.html（２０２４年2月15日閲覧）

10　たとえば、「米郵便投票　与野党対立　民主　制度拡充案　共和　各州で制限」『読売新聞』２０２１年6月24日。

11　佐藤令（２００３）「在宅投票制度の沿革―身体障害者等の投票権を確保する制度」『調査と情報』第４１９号、１―11頁。

12　ＮＨＫ「みんなの選挙　「郵便投票、手続きが大変」対象の人たちが抱える悩みとは」https://www3.nhk.or.jp/news/special/minnanosenkyo/column_31.html（２０２４年2月15日閲覧）

13　総務省「選挙制度が変わりました」https://www.soumu.go.jp/main_content/000232252.pdf（２０２４年2月15日閲覧）

14　たとえば、「再選択２０２０：コロナで投票できぬ　介護施設入居者、外出止められ」『毎日新聞』２０２０年10月28日。

15　関連して、最終講を参照。

第7講　進まない不在者投票などのオンライン請求

KEY POINTS

- 日本の選挙ガバナンス改善にはデジタルが必須
- オンライン請求普及の鍵はマイナンバー
- マイナンバーカードの海外利用の動きも

第7講のねらい

期日前投票を利用したことがある人は記憶しているかと思いますが、期日前投票所では宣誓書に署名しなければなりません。投票日当日の投票では不要なのに、なぜ期日前投票では宣誓書への署名が求められるのでしょう。

それは、日本では「投票日当日投票所投票主義」を採用しているからです。「期日前投票をしたあとで後悔しても投票し直せませんよ、あとで文句を言わないでくださいね」という意味合いがある、と考えればよいでしょう。

ただ、期日前投票制度は、不在者投票制度や郵便投票制度、洋上投票などと異なり、特別な申請は不要です。期日前投票所に足を運べば、基本的に投票することが可能です。しかし、不在者投票や郵便投票などを利用しようとする際にはそれを申請することが必要となっています。そして、この申請には非常に手間と時間がかかります。

たとえば、郵便投票を事例に挙げてみましょう。

郵便投票を利用しようとすると、まず郵便投票を利用することができることを証明する「郵便等投票証明書」の交付を、選挙人名簿に登録されている市区町村に請求します。それが受理されれば、郵便等投票証明書が請求した選挙人に郵送されます。続いて、選挙人は名簿に登録された市区町村選管に投票用紙・投票用封筒の請求を行い、それらが郵送されます。選挙人は自宅などで、投票用紙に投票先を記入し、投票用封筒に入れて名簿登録地の市区町村選管に送り返します。[2]

すなわち、郵便投票を利用しようとすると、郵便等投票証明書の取得、投票用紙等の請求、そして投票と、計2・5往復、郵便でやりとりしなければならないということになります。

不在者投票の場合も、不在者投票に用いる投票用紙等の請求を住所地の選挙管理委員会に対して行い、それが送られてきたら、投票する他の選管で投票、その投票用紙は投票した選管から住所地の選管に送付されます。そうすると、郵便での住民票のある選挙管理委員会と有権者のやりとりは、実質1・5往復する計算となります。

特別な投票方式を選択するわけですから、手間も時間もかかるのは致し方ないのかもしれません。しかし、郵送にかかる時間予測を誤れば、投票したのに投開票日に間に合わない、という状況も生じます。また、やりとりの手間が不在者投票などを利用せずに棄権する要因の1つになっています。「不在者投票などの請求をオンラインでできるようにしたら便利なのに（あわよくばインターネット投票できるようになれば）」という声が出てくるのは、必然かと思います。

しかしながら、オンラインで不在者投票の投票用紙等を請求できる選挙管理委員会は極めて少ないのが現状です。[3] なぜ、オンライン請求できる選挙管理委員会が少ないのでしょう。第7講では、これについて採りあげたいと思います。

7・1　オンライン請求普及の鍵はマイナンバー

ところで、読者の皆さんは、普段から「自分が自分である」ことを証明してくれる身分証を持ち歩いていますか。車がないと生活ができない地方では、運転免許証が身分証になることが多いかもしれませんが、鉄道網が充実している大都市部では持ち歩かないという人も少なくないでしょう。

世界の先進国を見渡してみると、日本人は身分証を持ち歩かない国民性があると思います。かつてのソ連のような国民監視に力点を置くような国家では、隣の町に行くだけで「身分証を見せろ」となるでしょう。しかし日本では「身分証を見せなければならない」という場面は限られています。

仮想敵が存在する国の中には、スパイ防止等の観点から自国民と外国人を切り分ける必要があると認識している国があります。このような国は、国民に番号を割り振る「国民番号制度」（日本では「マイナンバー制度」）を古くから利用する傾向があります。また、身分証（日本ではマイナンバーカード）の発給を義務化したりもしています。身分証の携帯を法律で義務づけている国もあります。

そうした国の代表がお隣の韓国です。韓国では、北朝鮮と対峙している関係から、住民登録番号制を1962年からスタートさせ、1970年から住民登録証の発給を義務化しました。

日本でも同時期の佐藤栄作内閣の頃、国民総背番号制が提案されています。しかし、日本では「国家が国民を管理するのは望ましくない」などと強い反対を受けて頓挫し[4]、マイナンバー制度として実現するまで約半世紀かかりました。

国民番号制度は、行政サービスのデジタル化を進める上で大きな鍵を握っています。行政分野ごとにそれぞれの官庁が番号を割り振る必要がないため効率的ですし、大規模自然災害時やパンデミックなど複数の行政窓口に申請書を出さざるを得ない状況が発生した際、1カ所に届ければ済む「ワンストップ・サービス」を提供することができます。とりわけ、国民一人一人に番号が割り振られていることは、オンラインでの請求受付を容易にします。

2022年度から23年度にかけ、私は、日本学術振興会2国間交流プログラム「第4次産業革命時代における AI/Robotics を利活用する自治体行政と政策決定（交流対象は韓国研究財団、JPJSBP120228801）」の研究代表者として、韓国の研究者たちと共同研究を行いました。この共同研究を通じ、行政のデジタル化において「韓国は日本の何歩も先を行っている」と痛感する場面に何度も出くわしました[5]。

韓国側の共同研究者に聞くと、「韓国の行政サービスのデジタル化の肝は携帯電話と国民番号制度」

という答えが返ってきました。国民番号とスマートフォンが紐付けられれば非常に便利でしょうし、スマートフォンの生体認証さえあれば、パスワードを忘れてしまった場合でも右往左往することはありません。

7・2　オンライン請求はなぜ広まらないのか

私が参加した総務省「投票環境の向上方策等に関する研究会」は、中間報告（第1次、2015年3月）において、不在者投票の投票用紙などをオンラインで請求できるようにした方がよいと提言しています。[6] 投票用紙などがオンラインで請求できれば、郵送にかかっていた時間を節約することができるからです。

この提言も影響したと思いますが、2020年12月25日に閣議決定された「デジタル・ガバメント実行計画」において、衆参国政選挙の不在者投票の請求は、地方自治体が優先的にオンライン化を推進すべき手続きに位置付けられました。[7] 2021年4月7日の事務連絡において総務省選挙部管理課は、内閣官房番号制度推進室および内閣府大臣官房制度担当室と連名で、各都道府県選挙管理委員会事務局に対して、マイナポータル「ぴったりサービス」による不在者投票の投票用紙等のオンライン請求が利用可能になったことを通知しています。

しかし、投票用紙等のオンライン請求ができる選挙管理委員会は極めて少数です。なぜなのでしょう。

第一の理由は、そもそもぴったりサービスを利用している人が少ないため、コストパフォーマンスが悪いことが挙げられます。マイナンバー制度に懐疑的な人はそもそもマイナンバーカードを持っていないでしょうし、お年寄りに代表されるようにデジタルが苦手な人はオンライン請求を選択しないでしょう。さらに「最初のセットアップ作業が面倒くさい」という人や、「カードリーダーなどを準備するのにお金がかかる」と感じる人も利用しないでしょう。

不在者投票のオンライン請求ができるシステムを構築したとしても、選挙はたまにしか行われません。コストパフォーマンスが悪いのです。これも理由でしょう。国税電子申告・納税システム（e-Tax）のように利用者も多く、かつ定期的に利用されるなら、オンライン請求と窓口請求の併用という選択肢は考えられます。しかし、選挙では、衆院の解散や首長の辞職などの理由で急にしなければならない状況が生じる上に、滅多に利用されないのであれば、選挙管理委員会が消極的になるのは無理もありません。

ただ、選挙のデジタル化全般に言えることですが、オンライン請求が進まない最も大きな理由は、「中央選挙管理委員会がなく、中央主導でシステムを構築することが難しい」という日本の選挙ガバナンス環境のせいだと思います。韓国の選挙管理でデジタルが活用できるのは、全国で有権者名簿を一元管理でき、新しい技術の活用を中央選挙管理委員会主導で進められるからです。

図表7-1は、私が経済産業研究所のプロジェクトで行った全国市区町村選挙管理委員会に対する郵送調査で得られた結果の1つです。[8]「不在者投票のオンライン申請システムは国が中心となって一元的に開発すべき」という質問に対し、「同意する」もしくは「どちらかといえば同意」と回答した選挙管理委員会事務局は8割を超えます。

先ほども指摘したように、選挙管理はコストパフォーマンスがよくない分野です。中央集権的な法体系の下、地方分権的に選挙管理を行っているがゆえに（第4講参照）、新しい技術を活用するイニシャルコスト（初期費用）を準備することが容易ではなく、デジタルを活用できないでいるのが日本なのです。

私としては、「民主主義を支える仕組みのデジタル化」はコストパフォーマンスとは切り離された形で考えることが必要だと思います。

7・3　2023年マイナンバー法改正は在外選挙での利用の布石

2023年6月2日、マイナンバー法等の一部改正法が可決、成立しました。この改正で大きく注目されたのが、現行の健康保険証を廃止して「マイナ保険証」に一本化することでした。しかし、この法改正で選挙管理とも大きく関わる改正もありました。それは、海外でもマイナンバーカードの交付・更新ができるようになったことです。[9]

　これまでの仕組みでは、日本国内に住民登録をしたまま海外に居住している在外邦人（たとえば、留学生や短期の海外駐在員）がマイナンバーカードを更新する場合、わざわざ日本に一時帰国しなければなりませんでした。

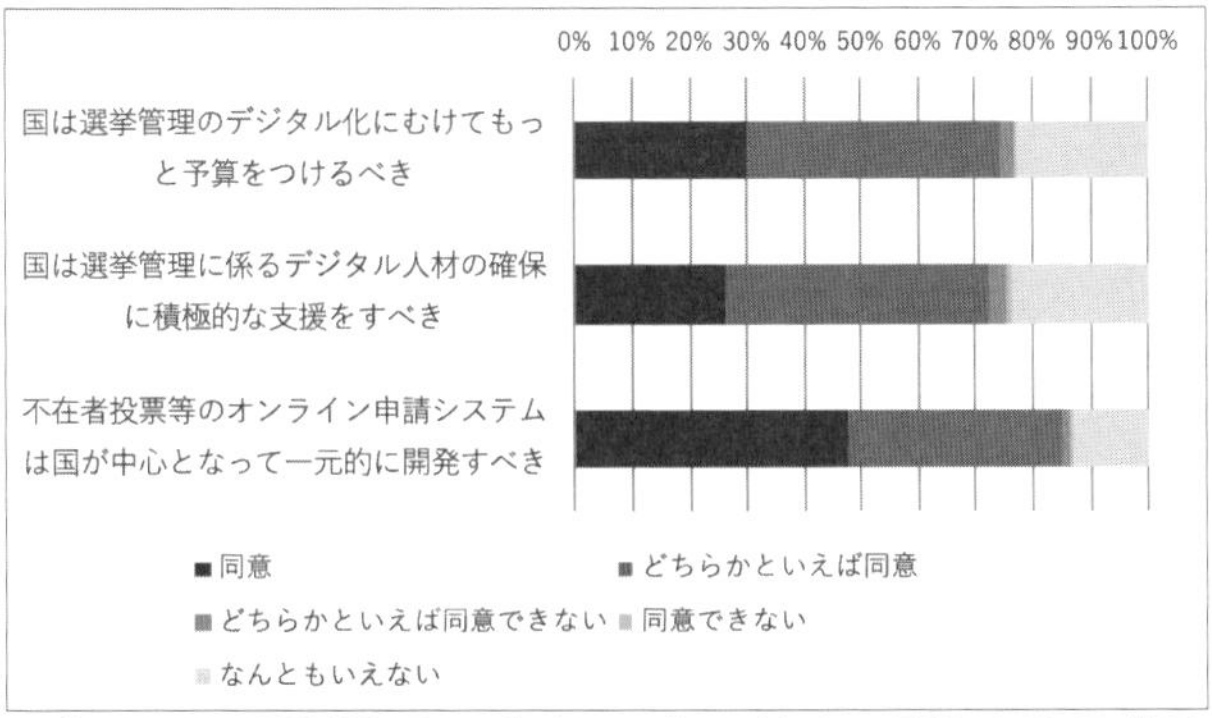

図表7－1　選挙管理のデジタル化に対する選管事務局職員の意見　出典：河村和徳（２０２１）「新型コロナ禍における日本の選挙ガバナンス：全国市区町村選挙管理委員会事務局調査の結果から」『経済産業研究所ディスカッションペーパー』、図5－1。

　交付・更新を海外でできるようにした背景には、海外で日本の行政サービスを受けたりする際にマイナンバーカードを活用したいという思惑があります。その1つに、在外選挙での活用があります。

　世界には郵便事情が極めて厳しい国があります。そうした国に滞在する在外選挙人（海外にいる有権者）の中には、在外選挙制度の改善を求める団体を設立し、在外選挙の投票用紙等のオンライン請求やインターネット投票の実現を求める選挙人がいます。[10] 2023年マイナンバー法改正は、在外選挙を利用する在外選挙人にとって朗報です。郵便でやりとりするデメリットを回避できるからです。[11]

　ただ、パスポートを利用するのではなく、なぜマイナンバーカードなのかという疑問が残ります。前出の総務省の研究会で、在外選挙のインターネット投票の可能性について議論した際、外務省の担当者に私はそのことを質問しました。すると、「パスポート内のICチップは、日本以外の国の入国管理官も利用するので、国民の代表を決める選挙の情報を格納するのは適切ではないと思います」という回答でした。

　選挙は国の行方を左右するものです。海外での投票に使うには日本独自の身分証でなければならないという回答に納得したことを覚えています。

【注】

1　かつては期日前投票や不在者投票の事由を宣誓書で特定する必要がありましたが、２０２２年の公職選挙法改正で、該当する事由の特定は不要になりました。総務省「公職選挙法施行令の一部を改正する政令の概要」https://www.soumu.go.jp/main_content/000858148.pdf（２０２３年８月７日閲覧）

2　総務省「選挙　最近の動き　投票制度」https://www.soumu.go.jp/senkyo/senkyo_s/news/touhyou/yuubin/yuubin01.html（２０２３年８月７日閲覧）

3　総務省「不在者投票の投票用紙等のオンライン請求の実施団体（令和元年７月21日執行参議院議員通常選挙）」https://www.soumu.go.jp/main_content/000745922.pdf（２０２３年８月７日閲覧）。

　経済産業研究所の研究プロジェクトの一環で２０２１年衆院選後に私が実施した全国市区町村選管事務局調査でも、オンライン請求に対応しているのは回答した選管事務局の15％程度でした。なお、取組みを行っていないと回答したところは約65％もありました。河村和徳（２０２１）「新型コロナ禍における日本の選挙ガバナンス：全国市区町村選挙管理委員会事務局調査の結果から」『経済産業研究所ディスカッションペーパー（https://www.rieti.go.jp/jp/publications/summary/22110008.html）』。

4　鈴木洋仁「マイナカードはなぜここまで嫌われるのか・・・朝日新聞も誤解している「国民総背番号制」との根本的な違い「個人を知られること」への嫌悪感が高まる理由」『PRESIDENT Online』２０２３年７月３日。https://president.jp/articles/-/71260（２０２３年８月７日閲覧）

5　地方議会のデジタル化（第21、22講参照）はその象徴と言えます。

6　「総務省投票環境の向上方策等に関する研究会 中間報告」https://www.soumu.go.jp/menu_news/s-news/01gyosei15_02000107.html（２０２３年８月７日閲覧）

7　総務省「マイナポータル「ぴったりサービス」による不在者投票の投票用紙等のオンライン請求の受付の積極的な実施について」https://www.soumu.go.jp/main_content/000811752.pdf（２０２３年８月７日閲覧）

8　河村、前掲。

9　「改正マイナンバー法が成立、２４年秋に健康保険証廃止し「マイナ保険証」に」『読売新聞（オンライン）』２０２３年６月２日。

10　新型コロナ禍では、世界的に郵便事情が悪化しました。直行便が欠航になったり、ロックダウンがあったりしたからです。「前回衆院選郵送在外投票、１割「棄権」コロナ影響、期日に届かず」『毎日新聞』２０２２年７月５日。

11　在外選挙人のほとんどは、日本の情報を得る都合などでインターネットを利用していると思われますし、立場上、身分証も意識して携帯しているでしょう。そのため、デジタル活用の効果は日本国内での活用以上に出やすいと考えられます。

第8講　インターネット選挙運動が解禁された意義

KEY POINTS

- 選挙運動は「地上戦」と「空中戦」と「サイバー戦」
- ネット選挙解禁10年、効果はまだ限定的
- ふだんから有権者とのネットワークを構築せよ

第8講のねらい

一般的に、選挙で支持を集めるには「有権者との距離を縮めることが大事」と考えられています。決起集会を開いて後援会の支持を固め、街頭演説で聴衆と握手することで支持を広げるのはそのためだといえるでしょう。

しかし、世界的規模で新型コロナウイルスが感染拡大することによって、困ったことが起こりました。新型コロナウイルスの感染防止策である「3密（密閉・密集・密接[1]）」を徹底しすぎると、選挙で支持をなかなか広げられない、という事態が発生したのです。

選挙運動は、基本的に、後援会や支援団体といった組織をテコに支持を広めるいわゆる「地上戦」、辻立ちを継続的に行ったりメディア露出を増やしたりして無党派を中心に自らをアピールする「空中戦」、そしてソーシャルネットワークサービス（SNS）などを通じて有権者とやりとりをして支持を広げていく「サイバー戦」に分けられます。

新型コロナウイルスの感染拡大は地上戦を難しくする一方、サイバー戦、すなわち「非接触型の選挙運動」の比重を高めざるをえなくなったように思います。[2]握手や決起大会のように密を前提とした選挙戦がやりにくくなったからです。2023年の統一地方選挙で組織力のある政党が票割りに失敗し大量に落選したのも[3]、コロナ禍で組織戦が機能しづらかったためと思われます。

分類	内容	市区議	町村議
地上戦	支援団体・支援組織への挨拶回り	50.8	40.5
	集会をこなす	19.4	14.3
空中戦	パンフレットやリーフレットの配布	58.7	46.0
	街頭演説・辻立ち	52.4	30.9
	見栄えのよいポスターづくり	5.5	7.6
	電話による働きかけ	18.9	24.5
サイバー戦	ホームページ、ブログでの情報発信	12.6	4.1
	SNSの活用	21.7	8.6
その他	選挙公報の記述	9.9	15.1
	その他	2.4	3.3

図表8-1　直近の選挙で重視した集票手法（多重回答：上位3つ）
出典：筆者作成

地方選挙であっても、自らが有する組織力や選挙区の事情に応じてベストな戦い方を探さなければならないのがポストコロナの選挙と言えるでしょう。第8講では、新型コロナウイルスの感染拡大を経て注目度が増したインターネット選挙運動（以下、ネット選挙運動）について焦点を当てたいと思います。

8・1　ネット選挙運動を重視しているのはだれか

まず、ネット選挙運動の実態について確認したいと思います。

ふだんからパソコンやスマートフォンを活用している政治家であればあるほど、SNSを選挙運動に活用しようと思うでしょう。しかし、いわゆるガラケー（フィーチャーフォン）しか使えない候補者やパソコンにふだんから触れる機会のない候補者は、ネット選挙運動をしようとも思わないと思います。

実際のところ、ネット選挙運動を重視している政治家はどの程度いるのでしょうか。市区町村議会議員調査の結果を見てみたいと思います。

図表8-1は、「直近の選挙において、あなたが重視した集票手法はどれですか。下記の項目のうち、重視した項目を最大3つ選び、○をつけてください」という質問の集計結果です。

「支援団体・支援組織への挨拶回り」といった地上戦[4]、「パンフレット・リーフレットの配布」「街頭演説・辻立ち」といった空中戦を重視したと回答した地方議員が非常に多いことがわかります。一方、SNSの活用を重視したという回答は、市区議では21・7%ほど、町村議では8・6%にとどまっています。

一般的に、若い候補者ほどネット選挙運動を重視していると言われます。地方議員の平均年齢は有権者平均よりも高齢ですので、SNS活用を重視する者が少ないのは、それを象徴していると思います。

図表8-2は、SNS活用を重視したという回答者の在職年数と年代を表にしたものです。

市区議では、在職年数が少ないほど、若い世代ほど、SNSを重視する傾向があることが確認できます。町村議でも、若い世代ほどSNS活用を重視する傾向があることがわかります。コンピュータの利用が一般的になり、インターネットが普及したのは1990年代です。1990年代以降に大人になった世代とそうでない世代の間に境目があると言えそうです。

ネット選挙運動が解禁されたのは、2013年7月21日投開票の第23回参議院議員通常選挙からです。それが解禁される前、解禁に対する社会的期待は過剰に高かったように思います。「政策争点に基づいた投票が促される」「政治に無関心な若年層が選挙に行くようになる」といったプラスの効果を喧伝する声が、あちらこちらにありました。

しかし、解禁されて10年近くが経過しましたが、そこまでの目に見える効果があったようには思えません。さきほど見たように、そもそも候補者側（議員側）がネット選挙運動を重視していません。

もしかすると、情報端末に慣れた世代が候補者の中心となればネット選挙運動の効果が出ると思う読者もいるかもしれません。しかし、私個人の意見を言えば、その意見に対しては否定的で、生まれたときから情報端末に囲まれて育ったデジタル・ネイティブが大人になっても、ネット選挙運動解禁以前に喧伝されていた効果は得られないと思います。

私がそう考えるのは、ネット選挙運動の解禁は、有権者が情報を得る手段が増えたことにすぎず、仮に情報を得る手段が増えても、そもそも政治に関心がなければ、彼らはそうした情報にアクセスしようとはしないと思うからです。票をいただくため選挙のときだけ関心を引きつけようとしても、難しいと思います。

新聞やテレビといったマスメディアには、情報

	3年未満	3年～5年未満	5年～10年未満	10年～15年未満	15年～20年未満	20年以上
市区議	31.8%	26.9%	25.7%	20.9%	16.2%	8.3%
町村議	11.7%	14.7%	9.9%	8.0%	6.8%	2.4%

	25～29歳	30～39歳	40～49歳	50～59歳	60～69歳	70～79歳	80歳以上
市区議	56.3%	52.6%	41.5%	30.2%	14.7%	4.6%	3.3%
町村議	100.0%	26.7%	40.4%	13.8%	7.5%	1.6%	0.0%

図表 8-2　SNS の活用重視と在職年数、年代の関係　出典：筆者作成

の受け手の好みとは関係ない情報も大量に提供する、という特性があります。そのため、政治に関心がない受け手も、選挙などの情報を目にとめる可能性はあります。一方、インターネットによる情報提供は、受け手の関心を意識して情報が提供されます。回線では世界とつながっていますが、アルゴリズム（プログラムに組み込んだ一定の計算手順や処理方法）によって受け手の検索履歴が分析・学習されていて、見たい情報が優先的に表示される場合が多いのです。[5]

8・2　ネット選挙運動解禁の選挙史的意義

しかし、ネット選挙運動の解禁は、日本の選挙史上、大きな改革であった点は否定できないと思います。

理由は、２つあります。

第一の理由は、「選挙情報の提供が有権者の投票参加の意欲につながる」という方針に総務省・選挙管理委員会が立ち位置を変えたとみなせるためです。

ネット選挙運動解禁の呼び水となったのは、東日本大震災の被災地で行われた選挙でした。被災地選挙で、選挙公報のＷＥＢ掲載が認められたのです。

東日本大震災によって、被災地から多くの被災者が県外へ避難しました。日本の新聞やテレビは大都市圏を除けば都道府県が基本単位です。そのため、県外に避難した被災者たちは情報弱者にならざるをえませんでした。また、選挙公報が紙のままだと郵送に時間がかかり、投票日までに被災者・避難者に届かないという事態も想定されました。

選挙が公正と判断するにあたっては、公約を十分吟味できる十分な情報が有権者に対し提供されている必要があります。しかし、被災地選挙では、それが十分満たされている状況にはなかったのです。

第2講で述べたように日本の公職選挙法は「包括的禁止・限定解除」のスタイルを採っています。震災以前の法解釈では選挙期間中のＷＥＢ掲載はできませんでした。そこで、被災者・避難者が郵送を待たなくとも選挙公報が見られるよう、ＷＥＢ掲載を認める解釈変更を総務省は行ったのです。[6]

被災地選挙限定だった選挙公報のＷＥＢ掲載は、その後、改ざんなどのトラブルが生じなかったなどの理由から限定解除され、全国で可能となりました。情報を多く提供することが有権者の投票参加につながると考えるのであれば、「候補者・政党が選挙運動期間中にインターネットを使って情報を発信することはダメ」というロジックは成り立たなくなります。被災地限定の取組みがちょうど実証実験のような形となり、ネット選挙運動の解禁につながっていくことになったのです。

私が大きな改革だったと考える第二の理由は、ネット選挙運動解禁によって、選挙情報を提供する主たる担い手が、選挙管理委員会から政党・候補者に移ったと言えるからです。

選挙公営の観点から、日本の選挙管理は平等性を重視してきました。選挙公報で各候補者が掲げるスペースが平等になっているのも、政見放送の時間が決まっているのも、「候補者・政党から提供される情報量の差をできる限り同じにする」という発想が背景にあります。また、それをすることは立候補費用の抑制につながります。

しかし、ネット選挙運動の解禁によって、インターネット上ではあるが、「情報を出したい候補者・政党は出したいだけ出してよい」という方向に路線が転換したことになります。言い換えれば、情報を発信できるスキルやそれを行える資力がある者ほど有利になりやすい環境ができたのであり、選挙公営の役割が相対的に小さくなったと言えるのです。

8・3　選挙公報の変化から気づく本当のネット選挙運動

ところで、インターネットによる選挙運動が解禁された直後ともいえる2015年前後の選挙公報と最近のそれとを比較してみると、興味深い変化があります[7]。

解禁直後、ホームページはもちろん、フェイスブックやツイッター（現・X）、インスタグラムなどのURLを「これでもか」と思えるほど書き込んでいる候補者が数多くいました。一方、ネット選挙運動がある程度定着してきた最近の選挙公報では、QRコードのみを載せる候補者が増える傾向がありま す。個人的な印象ですが、比較的若い地方議員の現職候補の選挙公報からむしろURLは消えつつあるようです。

選挙公報にURLが書かれなくなってきているのは、スペースが限られていることもあるでしょう。しかし、「そこに掲載しても効果が少ない」という認識が広がっていることも無視できません。

選挙公報は全戸配布を原則としています。ただ配布されるといっても、実際に配布されるのは投票日の直前というところが少なくありません。選挙公報を見てからホームページを見、SNSで友達登録する有権者はあまり多いとは言えません。私の周りでは「選挙運動が始まってから友だち登録するのはマスコミと研究者だけ」とも言われています。

すなわち、ネット選挙運動というけれど、選挙運動期間中にホームページの更新やSNSによる情報発信を行うのではなく、その効果を得るには政治活動の頃から（新人であれば地盤培養の頃から）ネットの情報を更新しないといけないのです。「ふだんからインターネットを利用してさまざまな有権者とネットワークを構築し、選挙期間になったらそのネットワークを活用して選挙を戦う」というのが、ネット選挙運動のポイントなのです[8]。

今後、デジタル・ネイティブは増え続けます。その結果、情報端末を使いこなせないリテラシーの低い候補者は選挙で苦戦し、徐々に世代交代していくでしょう。情報端末を駆使できることが地方議員に求められる資質となる日は近づいているのです。

【注】

1　世界保健機関（WHO）は「3Cの回避」と表現しています。3Cとは、「crowded places（人が集まる場所）」「close-contact settings（濃厚接触になる状況）」「confined and enclosed spaces（閉鎖・密閉空間）」を指します。NHK NEWS WEB「WHO〃3密〃回避を呼びかけ、英語で「3つのC」コロナウイルス」https://www3.nhk.or.jp/news/html/20200719/k10012522831000.html（2022年12月3日閲覧）

2　関連して、第16講を参照。

3　「最多12人落選、公明衝撃　統一地方選、練馬区議選は4人「政治と宗教」影響？　衆院選へ火種」『朝日新聞』2023年4月27日。

4　私は、支援団体・支援組織への挨拶回りといった組織固めの比率が高くなると予想していましたが、意外に少ない結果でした。おそらく組織固めは当たり前と思われており、「重視以前のはなし」と回答しなかった議員が多かったからと思われます。

5　世界とつながっているのにフィルターによって自分の見聞きしたい情報だけに接触している状況を、透明な泡の中に閉じ込められていることになぞらえて「フィルターバブル」と呼びます。

6　河村和徳・湯淺墾道・高選圭［編著］（2013）『被災地から考える日本の選挙―情報技術活用の可能性を中心に』東北大学出版会。

7　「政治山（https://seijiyama.jp/elections/）」などの政治情報サイトでは、過去の選挙公報を見ることができます。選挙公報は選挙の投票先を決める情報源ではありますが、選挙が行われている当時、その地域でどのような政治的課題が存在していたかを知る歴史的資料でもあると言えます。

8　これについては、次の文献にも目を通してみてください。岡本哲和（2017）『日本のネット選挙―黎明期から18歳選挙権時代まで』法律文化社。

第9講　統一地方選挙についておさらいする

KEY POINTS

- 統一選は戦後ＧＨＱの意向を受けて始まった
- 準国政選挙とみなされ費用も軽減
- 「統一率」下落、再統一には制度改革が必要

第9講のねらい

２０２３年４月、第20回統一地方選挙が実施されました。日本国憲法施行直前の１９４７年４月に第１回統一地方選挙が実施されていますので、２０２４年に日本の統一地方選挙は喜寿を迎えました。

現在でこそルーティン化して実施されている統一地方選挙ですが、第１回の統一地方選挙の実施は、当時の政府にとって思い切った決断だったようです。第１回統一地方選挙は、ＧＨＱ（連合国軍総司令部）が進めていた日本の民主化と大いに関係を持っていました。ＧＨＱは、日本国憲法の施行前に直接選挙によって地方の政治家を選ぶことを求めていました。当時の日本は敗戦によって選挙を行う費用を捻出することが容易ではなく、選挙資材の調達も厳しい状態にありました。しかし、ＧＨＱの意向に逆らうことはできません。そこで当時の日本政府は、投票箱を使い回すなど、経費節減の観点から地方選挙を一斉に実施することに決めたのです。

当時の日本政府内には、有権者の情報処理能力を疑問視する意見がありました。「知事選、都道府県議選、市町村長選そして市町村議選の４つの選挙を同時に行えば、選挙に慣れていない有権者は混乱するのではないか」と思っていたのです[1]。ただ、地方選挙を別々に行っても有権者には負担になり、棄権の増加が予想されました。

第１回統一地方選挙の実施は、懸念がある中での日本政府の思いきった判断の下で行われたと言える

でしょう。第1回以降、統一地方選挙は「準国政選挙」として位置付けられ、現在に至っています。

第9講では、統一地方選挙についておさらいしたいと思います。

9・1 統一地方選挙の歴史を見る上で重要なのは野党の戦績

統一地方選挙の歴史を振り返るときにポイントとなるのは、実は野党の戦績です。統一地方選挙で野党が多くの議席を獲得すると中央で与野党伯仲が生まれる、そういった状況がしばしば起こったからです。

たとえば、1963年の第5回統一地方選挙の横浜市長選挙において社会党左派の飛鳥田一雄が当選、次の第6回統一地方選挙では東京都知事に美濃部亮吉、そして第7回では大阪府知事に黒田了一が当選するなど、大都市を中心に革新系の首長が増えていきました。地方における革新系の勢力拡大は、70年代の国政での与野党伯仲につながっていくことになります。[2]

オイルショックが起こり低成長時代に入ると、国や県とのパイプを強調し、国政与党と国政野党の双方から支援を受ける政党相乗り首長が増えていきます。彼らの多くは公務員出身者で、1980年代後半あたりになると、新幹線などの「地域の悲願」を掲げ地方における政党対立を棚上げにする保革相乗り候補に共産党系候補が挑む選挙が増えていきます。[3]選挙結果が予想しやすい保革相乗り候補対共産党系候補という図式の影響で、首長選挙の低投票率化は進んでいくことになります。[4]

1990年代は、政治改革が国政、地方問わず、選挙の重要な争点でした。この頃、自民党の下野、ゼネコン汚職や官官接待などの不祥事など、大きな事件が発生しました。そうした中、行財政改革、とりわけ情報公開など「自民党的な手続きプロセスの不透明さ」を改革することを訴える「改革派首長」たちが一世を風靡しました。彼らの中には、政党や組織・団体からの支援を受けて盤石な選挙を施行する保革相乗りとの対比から、すべての政党と距離をとる「完全無党派」を標榜する者もいました。

2007年の第16回統一地方選挙では、民主党がかつてないほど候補者を擁立し、各地の首長選挙で勝利します。民主党は地方議員も増やし、この結果は2009年8月の政権交代という形で結実します。

しかし、民主党政権に対する評価は芳しいとは言い難く、東日本大震災の影響で被災地が統一地方選挙を離脱する中で行われた[5]2011年の第17回統一地方選挙では、大阪維新の会などカリスマ的な首長が率いる「首長新党」が躍進します。これらの地域政党は、都市部において、「自民も嫌だが民主もダメ」と感じる層の受け皿となりました。

こうして振り返ると、統一地方選挙の歴史は、まさに野党の栄枯盛衰史と言えるかと思います。

ところで、統一地方選挙は、地方発の政治課題が全国争点化する機会であったとも思います。高度経済成長期の統一地方選挙では、工業地帯発の公害問題や都市部で争点化した福祉の充実が全国争点化しています。1990年代では、ゼネコン汚職や官官接待などの不祥事を受け、情報公開や政治倫理が全国争点化しています。2019年の第19回統一地方選挙では、地方議員のなり手不足がクローズアップされました。

準国政選挙である統一地方選挙は、地方の課題を全国で議論する場としても機能してきたのです。

9・2　一斉に地方選挙を実施するメリット

ところで、統一地方選挙という仕組みは、なぜ維持されているのでしょう。それは、一斉に選挙を行うことにメリットがあるからです。ただ、メリットは時代とともに変わります。ここでは、一般論として統一地方選挙を行うメリットについて解説したいと思います。

まず、先ほど述べたように、第1回の統一地方選挙では、選挙資材の節約や戦後改革の「見える化」というメリットが強調されています。ただ、これらのメリットは、第2回以降失われていきます。

第2回以降の統一地方選挙のメリットを考えると、それは政治的なメリットと行政的なメリットに大別できると思います。[6]

政治的なメリットとして挙げることができるのは、たとえば有権者の政治に対する関心を高めたり、地方の政治的課題を全国的に共有できたりすることです。

日本の地方選挙は、制度的に政党中心の選挙ではなく個人の選挙資源中心の選挙となりやすい仕組みになっています（第1講参照）。しかしながら、統一地方選挙という形で多くの地方選挙が同時に行われるとなれば、それは国政選挙的な性格を帯びます。政党によっては国政選挙並みに選挙に力を入れるようになり、マスコミも選挙に関わるニュースを多く流します。その結果、有権者の選挙に対する関心が高まり、地方自治に対する理解が進むことになります。

なお、統一地方選挙で行われる首長選挙の投票率は、統一地方選挙以外のそれよりも高くなる傾向があります。国政与野党による対立傾向が強くなり、選挙競争が相対的に激しくなることが大きな要因と考えられます。

行政的なメリットとして挙げられるのは、選挙事務にかかる予算を抑制できることです。国政選挙の際に地方の補欠選挙を抱き合わせで行うのと同じロジックです。たとえば、最近、過疎高齢化の影響などで投票立会人の確保が課題となっています。[7] 2回の選挙を別々に実施するよりも、1回で済ますことができれば投票立会人の確保は容易になります。

また、日本の選挙管理はマンパワーに依存した形で行われており、選挙ともなれば、多くの自治体職員が選挙事務に携わります。彼らにかかる人件費を抑制するという点から考えても、一度で済ます方が望ましいということは容易にわかります。[8]

9・3　下落傾向の「統一率」

統一地方選挙が行われる際に必ず出るキーワードに「統一率」があります。日本の統一地方選挙の統一率は下落傾向にあります（図表9-1）。最近では、統一率があまりにも低いなどの理由から「再統一を考えた方がよい」という意見も見受けられます。[9]

なぜ統一率は下がるのでしょう。それは、日本では、「選挙で選ばれた首長・地方議員の任期を尊重する」というスタンスを採っているからです。具体的に考えてみれば容易にわかるかと思います。

日本では、知事や市区町村長が病気などのため任期途中で引退したとき、彼／彼女の後任を選ぶ選挙は前任者の任期だけを務める補欠選挙ではありません。当選した後任は改めて4年の任期を全うします。議会が自主解散した場合も同様です。改めて行われた選挙で当選した者の任期は、法定の4年となります。

準国政選挙とみなすことができる統一地方選挙を行っている国は日本ばかりではありません。お隣の韓国も日本同様、1995年から統一地方選挙を実施しています。直近の韓国の統一地方選挙は2022年6月1日に行われましたが、韓国の統一率は基本的に100％です。韓国では、任期途中で首長が辞職した場合、選挙で選ばれた後任の任期は前任の残任期間とされているからです。

それでは、日本において統一地方選挙の統一率が下がる具体的な要因を挙げてみましょう。首長の場合では、「首長が在任期間を残したまま、何らかの理由で辞職した（死去を含む）」「首長に対する不信任案が議会で可決され、長が失職を選択した」「首長に対するリコールが成立した」などを挙げることができます。

地方議員の場合はどうでしょう。「任期を残して地方議会が自主解散した」「首長によって解散させられた」などが挙げられます。

基本的に統一地方選挙から外れやすいのは地方議会よりも首長です。地方議会の解散は滅多に生じませんが、首長が辞職するケースは、健康上での辞職や国政選挙への鞍替え出馬による辞職など、よく目にします。前出の図表を見ても、首長の統一率の方が低いのは明白です。

ただ、日本の統一地方選挙の統一率をもっとも下げた要因と言えるのは、「昭和」と「平成」という二度にわたる市町村の大合併です。市町村の首長選挙・地方議員選挙の統一率が、昭和の大合併や平成の大合併の直後に大きく下がっていることが**図表9-1**で確認することができます。①合併をめぐり、首長が辞任したり、首長に不信任を突きつけた議会が首長に解散させられたりしたこと、②合併協議の過程で新設合併が選択され、その結果、設置選挙が行われたことによって統一率が下がったのです。

合併以外にも、統一地方選挙の統一率を大いに下

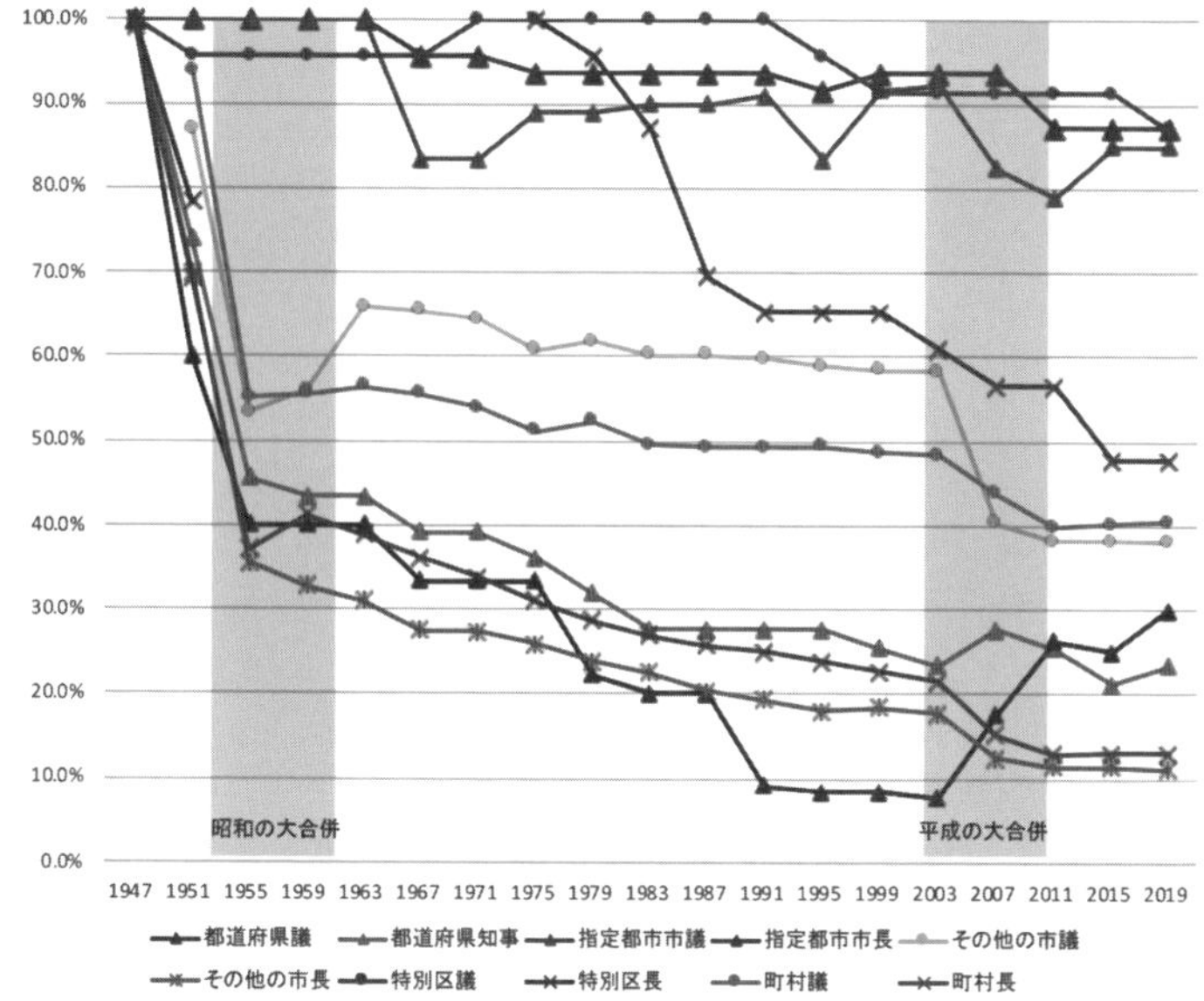

図表 9-1　統一地方選挙における統一率の変遷

出典：総務省自治行政局選挙部『平成 31 年 4 月執行 地方選挙結果調』より筆者作成

げた事象があります。それは、阪神・淡路大震災（1995年1月）と東日本大震災（2011年3月）です。2つの震災は、偶然ですが統一地方選挙の直前に発生しました。選挙が予定されていた幾つかの自治体は選挙の延期を余儀なくされ、統一地方選挙から外れてしまうことになりました[11]。

9・4　再統一は容易ではない

複数の選挙を同時に行えば選挙にかかる費用を節約できますし、投票率も上がる可能性はあります。統一地方選挙を行うことには、大きなメリットがあります。そのため、既に指摘したように、再統一を求める声はあります。

首長の辞任が偶然一致して、統一地方選挙に復帰する事例がないわけではありませんが、統一地方選挙で選挙が行われる環境を意図的につくるには、それに合わせる工夫（首長が自発的に辞職したり、地方議会が自主解散を選択したりする）が必要です。たとえば、2019年第19回統一地方選挙で徳島県石井町議会や熊本県錦町議会が自主解散を選択しています[12]が、そうした自主的な取組みが必要なのです。

特例法をつくって任期を短くするという手法も考えられます。第19回統一地方選挙では、任期を3年

10ヶ月とする「平成三十一年六月一日から同月十日までの間に任期が満了することとなる地方公共団体の議会の議員及び長の任期満了による選挙により選出される議会の議員及び長の任期の特例に関する法律（任期特例法）」を利用し、阪神・淡路大震災の影響で統一地方選挙から外れてしまった兵庫県議選、神戸・西宮・芦屋の3市議選、芦屋市長選が復帰しました。

しかし、こうした選択ができる首長や議会は圧倒的に少数派だと思います。統一選の復帰のために保証された任期をあえて短くすることを、多くの首長・議員は望まないと思うからです。

ただ、だからといって統一地方選挙期間中に実施される選挙を増やすために、特例法をつくって任期を大幅に延長するという判断はあってはなりません。再統一を訴えることも大事ですが、仮に統一できたとしても、任期の考え方が現状のままではすぐに統一率は下がることになります。

統一地方選挙の再統一を訴えるだけではなく、任期など関連する制度についても考えてみることが大事なように思います。[13]

【注】

1　鈴木俊一（1947）『新地方選挙解説』時事通信社。

2　そのため、自民党は革新系から首長の座を奪還するため、「T・O・K・Y・O作戦」を試みたと言います。T・O・K・Y・Oは、東京都（T）・大阪府（O）・京都府（K）・横浜市（Y）と沖縄県（O）の頭文字です。

3　関連して、第15講を参照してみてください。

4　河村和徳（2008）『現代日本の地方選挙と住民意識』慶應義塾大学出版会。

5　東日本大震災における被災地の選挙に関しては、たとえば次の文献を参照してみてください。河村和徳・湯淺墾道・高選圭［編著］（2013）『被災地から考える日本の選挙―情報技術活用の可能性を中心に』東北大学出版会。

6　河村和徳（2004）「統一地方選挙の意義と課題」『選挙学会紀要』第2号、39―50頁。

7　河村和徳・伊藤裕顕（2024）「被災地選挙の諸相（103）投票立会人をめぐる課題」『月刊選挙』2024年1月号、16―20頁。

8　河村・湯淺・高、前掲書。なお、統一地方選挙の存在が「公職選挙法の理解を深めよう」「他自治体の先進事例を学ぼう」という選管事務局職員の学びのインセンティブになっている面もあるようです。

9　たとえば、次を参照。全国町村議会議長会「議長会の活動：

地方議会・議員のあり方に関する研究会（第1回）に櫻井会長が出席（令和元年6月28日）」http://www.nactva.gr.jp/php/topics/detail/953（2022年10月30日閲覧）

10 なお、地方自治体の首長が辞職・失職したりし、その直後に行われる出直し選挙で再び当選した場合、その首長の任期は「出直し選挙前の任期の満了時まで（すなわち、当初の任期の残任期間）」になるという特例があります。現職首長が不意打ちで辞職して出直し選挙をすると、準備が間に合わない新人がどうしても不利になります。選挙の公正の観点から導入された特例と言えるでしょう。

11 河村・湯浅・高、前掲書。

12 たとえば、「「3ヵ月で選挙2度」解消　錦町議会が自主解散」『西日本新聞』2019年3月16日。

13 「平成の大合併」が終わる頃の駆け込み合併の影響で、統一地方選挙のちょうど2年後に改選を迎える市町村が多くあります。そのことを考えると、統一地方選挙を4年に一度ではなく、2年に一度にするという発想もあってよいように思います。

第10講　大規模自然災害が発生したら選挙はどうなるか

KEY POINTS

- 選挙延期の判断は容易ではない
- 共通投票所は危機に強い投票環境を生む
- 大規模災害時こそ選挙制度を改革する絶好の機会

第10講のねらい

選挙のタイミングで大規模自然災害やパンデミックが発生することもあります。統一地方選挙の直前の発災となった1995年の阪神・淡路大震災や2011年の東日本大震災は好例と言えます。そのような状況が仮に起こると、選挙管理委員会は「選挙をいつ実施すべきか」、判断しなければなりません。

通常、選挙民主主義を採用している国では、「投票できる有資格者を正確に把握し、公正かつ効率的な選挙環境の下、正確な開票を行えるか」が選挙実施の指針とされます。大規模な自然災害が一度発生すると、有権者の改めての確認が必要になるだけではなく、投票所に用いる建物の耐震性など、選挙を安全に行えるかの確認も必要となります。

もちろん、大規模自然災害が発生すると「選挙どころではないので延期したほうがよい」という世論も出てきます。公職選挙法は、第57条で「天災その他避けることのできない事故により、投票所において、投票を行うことができないとき、又は更に投票を行う必要があるとき」に繰延投票をすることを規定しています。阪神・淡路大震災や東日本大震災の際には、臨時特例法が制定され、それによって被災自治体の地方選挙は延期されました。

しかしながら、災害の影響があっても選挙が実施されている事例もあります。たとえば、熊本地震による災害の爪痕が残る中、2016年の参議院議員通常選挙は行われていますし、2019年の令和元年東日本台風の被害を受けた被災地である宮城県や福島県では、予定通り県議選が行われています。[1]

そうしたこともあり、災害時ないしは災害直後、どのように選挙事務を行ったかに関する報告が幾つかあり（図表10－1）、選挙管理委員会事務局向けのマニュアルや対応事例集なども出版されています。[2]

第10講では、大規模自然災害の発生と選挙実施の関係に焦点を当て、参考になる議論を紹介したいと思います。

10・1　選管の頭を悩ます選挙の延期

選挙管理は、定められたルールの下、「いかに逸脱なしに選挙管理を行うか」が大事です。選管にとって、「判断することなく、粛々と選挙事務を進めることができる状況があるべき姿」ということになります。そう考えると、大規模自然災害の発生は、選管にとって困った状況が生じたことになります。なぜなら、普段通りの選挙が実施できるかの確認をはじめ、さまざまな判断を下さねばならないからです。ここでもっとも選管の頭を悩ませるのが、さきほど述べた選挙の延期です。

国家が優先的にしなければならないことは「国民の生命と財産を守ること」であり、選挙は代議制民主主義を支える最も重要な柱の1つです。そのため、有権者の安全性を確保できない環境下で選挙を行うことは妥当とは言えません。

また災害によって、一部の有権者の投票環境が制約されたり、被災地域を地盤とする候補者が不利になったりするような環境で選挙を実施することは、公正な選挙とは言えないと思います。そのため、前述のように「被災地の選挙は延期されるべき」という声が出てくるのは当然のことのように思えます。

ただ、「選挙は水もの」と言われるように、時間とともに情勢は変化します。苦戦が伝えられる与党は、選挙直前に大規模自然災害が発生したら「選挙を延期したがる」と考えられます。なぜなら、選挙が延期となり、その空いた時間で被災者対応をしっかりやれば、与党苦戦の情勢を変えられる可能性があるからです。一方、そのようなことがあるので、

事柄	文献
2005年衆議院総選挙での台風14号の影響	田代（2008），加藤（2008）
2007年参議院議員通常選挙での中越沖地震の影響	加藤（2008），品田（2008），小池（2008）
2010年おいらせ町長選挙に対するチリ津波地震の影響	川村（2010）
東日本大震災後の被災地選挙管理委員会の選挙管理の実態	川崎市選挙管理委員会（2011，2012a，2012b）；河村・湯淺・高（2013）
市区町村選管の危機管理マニュアルの策定状況	河村（2018）
令和元年の豪雨災害が東日本大震災被災自治体の県議選にもたらした影響	河村・伊藤（2020a，2020b，2020c）
新型コロナ禍で実施された静岡４区補選での感染防止対策	静岡市清水区選挙管理委員会（2020）
新型コロナ禍における選挙管理事務の実態調査	河村（2022）

図表 10-1 災害時・災害後における選挙実務に関する記述のある文 出典：筆者作成

与党が有利になる可能性がある選挙の延期は野党にとって損です。きっと予定通り選挙をすべき、という主張をするでしょう。ここで選管は板挟みになります。選挙延期の判断をすれば「選管は与党を有利にするために延期した」という批判を、延期を望んでいなかった野党から受けることは必至です。一方、延期をしなければ延期を望んでいた与党から「被災地の事情に配慮がなさ過ぎる」と非難されることになります。

このように考えると、日本の選管がよほどのことがない限り繰延投票を選択しないのは、選挙を延期することに伴い生じるクレームを気にしているからなのかもしれません。[3]

ところで、新型コロナウイルスが世界を席巻し始めた２０２０年の上半期、選挙を行っている国々の選管は、「選挙を延期するか、それともしないのか」、判断することを強いられました。日本のように「選挙は不要不急の外出ではない」と判断し、感染拡大防止の取組みはするもののコロナ禍の影響を理由とした選挙の延期はしないと判断した国（選管）もある一方、新型コロナの感染拡大が選挙によって進むことを警戒し選挙の実施を先送りした国（選管）もありました。

民主的ではないと見られている国の中には、大統領や与党にとって選挙が有利になるよう選挙を意識的に延期した国もありました。[4]

10・2 盲点となりやすい避難所と投票所の関係

令和元年東日本台風は、日本各地に大きな被害をもたらしました。私の住む宮城県でも、県南部の丸森町などで大きな被害が発生しました。丸森町では役場がある中心部一帯が冠水し、役場へは消防や自衛隊のボートで出入りしなければならないという大変な事態となりました。

近年、豪雨災害が頻発していますので、読者の中には土砂災害・洪水ハザードマップを見る機会が増えたという人もいるかもしれません。近年つくられたハザードマップはよくできており、そこで示されている浸水域はかなり正確と言われています。

ところで、もし読者の住む自治体の投票所が豪雨災害の浸水想定エリア内にあったらどうでしょうか。おそらく不安になるのではないでしょうか。選挙を安全に行うという前提に立てば、投票所の場所を見直すよう選管に訴えたほうが賢明です。

それだけではありません。私のヒアリング結果の限りですが、公立小中学校の体育館を平時は投票所に、有事（災害時）には避難所に利用している自治体では、災害直後に選挙を行う際、混乱する可能性があります。とりわけ、「公立小中学校の体育館を投票所にも使うし避難所にも使うから、同じ職員を責任者にすれば効率的であろう」という発想をしている自治体があれば、それは絶対に見直すべきです。なぜなら、もし期日前投票期間中に大規模自然災害が発生すると、被災者は避難所の体育館に避難してきます。そうすると、避難者が大量にいる中で選挙当日の選挙事務をしなければならなくなります。過去、責任者が避難者対応と選挙対応で首が回らなくなったということを見聞きしたことがあります。

なお、仙台市では、選挙事務に従事する職員が避難所の立ち上げや運営支援にできる限り従事しないよう配慮しているそうです。「災害があったら選挙をしない」と考えるのではなく、「被災地で選挙を行うにはどうしたらよいか」、それも考えないといけないと思います。

ところで、危機に強い投票環境をつくる上で有効な策と言えるのが、共通投票所の活用です。共通投票所とは、投票区に関係なく、すべての有権者が投票できる当日投票所です[5]。共通投票所が制度化されて初めて実施された選挙は２０１６年参院選になります。ちょうど選挙権年齢が18歳に引き下げられた最初の国政選挙でスタートしたのです。その参院選で共通投票所を実施したのは、北海道函館市、青森県平川市、長野県高森町、熊本県南阿蘇村の4自治体でした。

この4自治体のうち、南阿蘇村が共通投票所制度を利用した理由は、他の3自治体と異なっていました。南阿蘇村が共通投票所制度を利用したのは、熊本地震への対応のためでした。熊本地震によって南阿蘇村の投票所に利用する施設は大きなダメージを受けており、投票区を安全が確保しやすい投票区に集約し、その投票区の投票所を共通投票所化して運用したのでした[6]。指定された投票所が何らかの事情で閉鎖されても共通投票所があるので投票できなくなる可能性は低くなるという、共通投票所の持つ特性を利用したと評価できます。

南阿蘇村の被災地での共通投票所制度活用の経験は、2021年衆院選でも活かされました[7]。豪雨災害の被害が大きかった球磨村では投票所に用いていた施設の一部が利用困難となり、共通投票所制度を活用したのでした[8]。

10・3 大規模自然災害は制度を見直す絶好の機会

日本の選挙は、戦前から長い歴史を持っています。歴史が長くなればなるほど、制度は安定します。ただ、裏を返せば、選挙制度を見直し、それをアップデートするコストは上がることになります。すなわち、選挙制度の抜本的な見直しは選挙の歴史が長い国ほどやりにくいのです。

また、選挙はそもそもPDCAサイクル（計画・実行・確認・改善の4段階をくり返す業務管理の改善方法）が機能しづらい仕組みです。制度的な安定性が求められるため、頻繁に見直すことは望ましくないという前提がありますし、選挙は数年に1度しか行われないので、見直そうと思っても「まだ時間的余裕がある」と先送りされやすく、「改革しようと思ったら時間切れ」となることもしばしばです。

加えて第13講でも述べますが、選挙はその構造上、現職が有利です。「現行の選挙制度で勝利している政治家は制度を変えたがらない」というのは世界共通です。これも制度が変わりにくい理由と言えますし、改革することで有利・不利が発生し政治家の利害が一致しづらい結果、改革を進めにくい側面もあります。

しかし、大規模自然災害という普段と異なる状況が発生すると、普段議論にならなかった制度的課題が顕在化します。また政治家は自身の利害で反対することが困難になります。そのため、災害がきっかけで仕組みが見直されたり、改革の提言がなされたりすることもあります。日本でも、そうした事例は幾つもあります。

たとえば、東日本大震災では、県外に避難する人が大量に発生し、彼ら／彼女らの多くが情報弱者化しました。県外被災者に対して投票を判断する情報を提供しなければならないという要請から、選挙公報のＷＥＢ掲載を可能とする法解釈の変更が行われました。そして、それはインターネット選挙運動解禁の呼び水となりました（第８講を参照）。

２０１７年の衆院選では、投開票日当日の台風の影響で、離島の投票所から投票箱を本土に運ぶことが困難な自治体が複数出ました。それを受け、総務省「投票環境の向上方策等に関する研究会」は、そうした事象が生じたら、緊急避難的な措置として開票立会人の人数要件が緩和された「特例分割開票区」を設置したらどうか、と提言しています。[9]

２０２０年新型コロナウイルス感染症の拡大も、選挙制度の課題を炙り出しました。隔離されている新型コロナウイルス感染症患者は投票できないということから、特例郵便等投票が創設されました。[10] また、３密回避の観点からデジタル活用を促そうという発想が生まれ、不在者投票のオンライン申請やインターネット投票を進めようという機運にもつながりました。

ただ、機会を逃すと選挙制度改革は難しくなる、という見方もできます。新型コロナウイルス感染症の５類移行は私たちの生活にとってはありがたい変化となりました。ただ「喉元過ぎれば熱さを忘れる」ではないですが、選挙制度改革の機運はそれによって萎んだように思います。

（※）図表10-1中の文献は以下の通りです。（掲載順）

・田代紳一（2008）「選挙期間中に大型台風に見舞われた第44回衆議院議員総選挙と第21回参議院議員通常選挙の管理・執行（1）」『月刊選挙』2008年7月号、29—37頁。

・加藤友教（2008）「選挙期間中に大型台風に見舞われた第44回衆議院議員総選挙と第21回参議院議員通常選挙の管理・執行（2・完）」『月刊選挙』2008年8月号、11—16頁。

・品田眞弘（2008）「中越沖地震と第21回参議院議員通常選挙の管理・執行（2・完）」『月刊選挙』2008年5月号、18—25頁。

・小池隆（2008）「中越沖地震と第21回参議院議員通常選挙の管理・執行（1）」『月刊選挙』2008年4月号、11—19頁。

・川村尚俊（2010）「再投票となった青森県おいらせ町長選挙－投票日前日にチリ大地震発生、大津波警報発表で3投票所閉鎖」『月刊選挙』2010年5月号、14—21頁。

・川崎市選挙管理委員会事務局（2011）「陸前高田市選挙管理委員会と二人三脚でなし遂げた選挙執行の記録（1）」『月刊選挙』2011年12月号、3—16頁。

・川崎市選挙管理委員会事務局（2012a）「陸前高田市選挙管理委員会と二人三脚でなし遂げた選挙執行の記録（2）」『月刊選挙』2012年1月号、30—39頁。

・川崎市選挙管理委員会事務局（2012b）「陸前高田市選挙管理委員会と二人三脚でなし遂げた選挙執行の記録（3）」『月刊選挙』2012年2月号、40—47頁。

・河村和徳・湯淺墾道・高選圭【編著】」（2013）『被災地から考える日本の選挙－情報技術活用の可能性を中心に』東北大学出版会。

・河村和徳（2018）「緊急時対応と選挙管理－温度差がある将来の災害への備え」大西裕［編著］『選挙ガバナンスの実態 日本編－「公正・公平」を目指す制度運用とその課題』ミネルヴァ書房、169—186頁。

・河村和徳・伊藤裕顕（2020）「被災地選挙の諸相（58）豪雨災害と被災地の選挙管理（1）」『月刊選挙』2020年1月号、21—27頁。

・河村和徳・伊藤裕顕（2020）「被災地選挙の諸相（59）豪雨災害と被災地の選挙管理（2）」『月刊選挙』2020年2月号、29—35頁。

・河村和徳・伊藤裕顕（2020）「被災地選挙の諸相（63）豪雨災害と被災地の選挙管理（3）－福島県民意識調査2020から振り返る」『月刊選挙』2020年6月号、20—26頁。

・静岡市清水区選挙管理委員会（2020）「衆議院小選挙区選出議員補欠選挙（静岡県第4区）の執行におけるコロナウイルス感染防止策対策への取り組みについて」『月刊選挙』2020年8月号、16—23頁。

・河村和徳（2022）「新型コロナ禍における日本の選挙ガバナンス：全国市区町村選挙管理委員会事務局調査の結果から」RIETI Discussion Paper Series 22-J-040　2022年11月。https://www.rieti.go.jp/jp/publications/summary/22110008.html

【注】

1　河村和徳・伊藤裕顕（2020）「被災地選挙の諸相（58）豪雨災害と被災地の選挙管理（1）」『月刊選挙』2020年1月号、21—27頁。河村和徳・伊藤裕顕（2020）「被災地選挙の諸相（59）豪雨災害と被災地の選挙管理（2）」『月刊選挙』2020年2月号、29—35頁。

2　たとえば、次を挙げることができます。都道府県選挙管理委員会連合会（２０１７）『選管事務危機管理マニュアル』国政情報センター。清水大資・小島勇人（２０１７）『災害時における選挙事務支援実例集』国政情報センター。

関連してですが、２０２４年1月1日に発生した令和六年能登半島地震を受け、私は月刊選挙に次の文章を寄稿しています。河村和徳（２０２４）「大規模自然災害後の被災地における選挙実施の視点―令和６年能登半島地震の発生を受けて（1）」『月刊選挙』２０２４年２月号、２―５頁。河村和徳（２０２４）「大規模自然災害後の被災地における選挙実施の視点―令和６年能登半島地震の発生を受けて（２）」『月刊選挙』２０２４年３月号、２―９頁。

3　自然災害の被災地にもかかわらず選挙が行われた事例を理解する上で、令和元年の台風被災地の事例はよい教材と言えます。たとえば、２０１９年９月22日投開票の千葉県君津市議会議員選挙は、「令和元年房総半島台風」の影響で広域停電下でしたが「選挙日程の変更は難しい」と選挙の延期とはなりませんでした。また同年の福島県議選では、「令和元年東日本台風」の影響で人手不足に陥ったいわき市選管が選挙延期を福島県選管に申し出ましたが、福島県選管は「任期満了日の11月19日から30日以内に選挙する必要がある」といわき市からの延期要請を拒否しています。

4　Richard Youngs and Elene Panchulidze (2020) “Global Democracy & COVID-19:Upgrading International Support.” International Democracy and Electoral Assistance. https://www.idea.int/publications/catalogue/global-democracy-covid-19-upgradinginternational-support（２０２２年7月25日閲覧）

5　「投票環境向上に向けた取組事例集（平成29年３月）」https://www.soumu.go.jp/main_content/000474598.pdf（２０２３年10月９日閲覧）

6　「南阿蘇に共通投票所　参院選　熊本地震被害で」『読売新聞』２０１６年6月8日。

7　球磨村「第49回衆議院議員総選挙及び第25回最高裁判所裁判官国民審査について」https://www.kumamura.com/gyousei/2021/10/14126/（２０２３年10月９日閲覧）

8　２０１０年２月28日のおいらせ町長選挙では、チリで発生したマグニチュード８・８の巨大地震の影響で津波警報が発令され、20カ所ある投票所のうち沿岸部３投票所が閉鎖されました。投票所の閉鎖に伴い、閉鎖までに投じられた票は無効とされ、該当する住民は３月７日に再投票となっています。もしこのとき、共通投票所制度があれば違った対応になっていたと思います。川村尚俊（２０１０）「再投票となった青森県おいらせ町長選挙―投票日前日にチリ大地震発生、大津波警報発表で３投票所閉鎖」『月刊選挙』２０１０年５月号、14―21頁。

9　「総務省投票環境向上方策等に関する研究会報告（第３次）」https://www.soumu.go.jp/menu_news/s-news/01gyosei15_02000190.html（２０２４年1月24日閲覧）

10　関連して次の文献を参照してみてください。河村和徳（２０２２）「新型コロナ禍における日本の選挙ガバナンス：全国市区町村選挙管理委員会事務局調査の結果から」RIETI Discussion Paper Series 22-J-040　２０２２年11月。https://www.rieti.go.jp/jp/publications/summary/22110008.html

第二部

選挙をめぐるトリビア

第11講　無投票という仕組みが抱える負の側面

KEY POINTS

- 都道府県議選と町村議選で無投票が増加
- 無投票は民意を見えにくくする
- 有権者と政治家の接点の損失を防ぐべき

第11講のねらい

日本では、「立候補者として届け出た者が定数と同数ならば投票を行わない」という無投票で当選者が決まる仕組みを採用しています。立候補者が有権者の代表として適任であるか、信任投票を行う選択肢も考えられるのですが、そのまま当選者として認めてしまうのが日本の仕組みなのです。

選挙をせずに当選者が決まるのであれば、選挙にかかる費用が不要になるので、予算を節約することができます。通常、選挙を実施するにあたっては、投開票の事務に携わる職員を確保しなければなりません。また投票所の立会人も準備しなければなりません。そのため、無投票となれば選挙管理委員会にかかる負担は大幅に減らせます。

選管以外にも、無投票によって恩恵がもたらされる人たちがいます。それは立候補者や、立候補者を支える後援会や支援組織の人たちです。なぜなら、選挙運動に投入しなければならないお金や労力、そして時間を節約することができるからです。それに、投票日当日に「ハラハラ」「ドキドキ」しながら開票作業を待つ必要もありません。

無投票で当選者が決まるという仕組みは「選挙にカネをかけない、という日本（人）の選挙の哲学（第1講を参照）を象徴するもの」と言えるでしょう。

ただ、私が行ったNOS住民意識調査（2020年6月実施）や市区町村議員に対する意識調査（全国市区議意識調査、町村議意識調査）の結果によると、有権者そして地方議員の多くは「無投票はよくない」と考えていることがわかります（図表11－1）。無投票という仕組みは「お金を節約できる」という正の側面がありますが、その一方で、多くの人が負の側面もあると感じているのです。

そう感じる背景の1つに、立候補予定者に金銭を渡し無投票になるよう立候補を断念させたりした事件[1]が過去にあったことが関係していると思います。「お金を渡しても無投票のほうが選挙運動をするよりも安く済む」という、選挙を冒涜する行為が生じたことが、無投票という制度に対する厳しい評価につながっていると思えます。

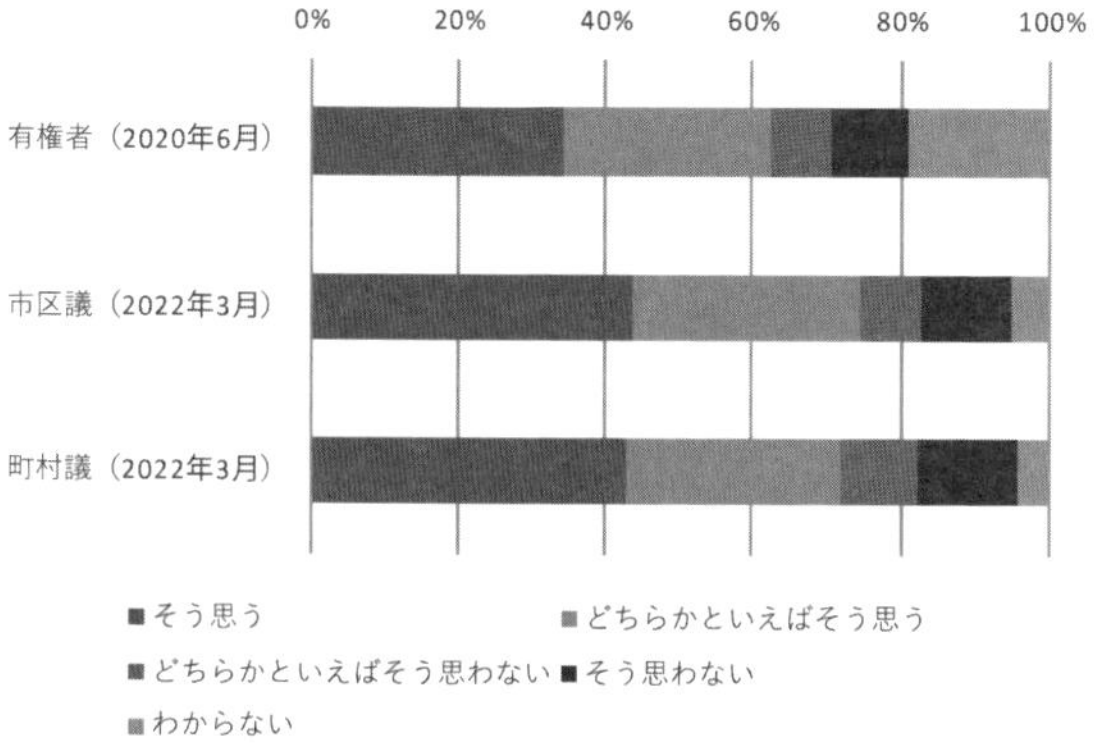

図表 11 － 1　「無投票はよくない」という意見に対する有権者・市区町村議員の回答結果　出典：筆者作成

ただ、それ以外にも無投票という仕組みには負の側面があります。第11講では、そこに焦点を当てたいと思います。

11・1　無投票の現状

第9講で述べたように、統一地方選挙には準国政選挙という性格があります。地方選挙が一斉に行われるため、国政政党が力を入れ、マスメディアも力を入れて報道します。そのためもあり、統一地方選挙は、統一地方選挙以外の時期に行われる地方選挙よりも立候補者が多くなる傾向があります。結果、統一地方選挙で行われる選挙は統一地方選挙以外で行われる選挙に比べ、無投票が相対的に生じにくいと考えられます。

図表11－2は、総務省のホームページで示されている統一地方選挙における改選定数に占める無投票当選者数の割合の推移です。[2]この図表から、次の点を指摘することができます。まず、都道府県議選と町村議選では、近年、無投票選出される候補者が増える傾向にあるという点です。[3]その一方で、政令市

を含む市議選では無投票となる事例は少ないと言えます。

なぜ市議選では、無投票で当選する人が少なくなる（無投票になる事例が少なくなる）のでしょう。市議会の定数が多いことが1つの理由でしょう。定数が少ないと選挙結果が予想しやすく、「どうせ自分が出ても当選しない」と相対的に立候補を諦めやすい状況になります。それに有権者も選挙結果が予想できると「私1人が投票に行かなくても結果は一緒」と棄権しやすくもなります。結果、組織力がある（固定票がある）候補だけが残りやすくなって、無投票が生じやすくなるのです。

また市は町村に比べ、多様な意見を持った住民が住んでいます。そのため、地域に依存しなくても一定程度の支持が見込めれば当選できます。それも無投票が生じにくい理由でしょう。

また第18講でも述べますが、地方議会の議員定数は、法定数から条例定数に制度が変化する過程で、地域代表的な傾向が強くなる方向で削減が進みました。地区から代表が出るように定数を揃えていく、いわゆる「地区割り」が進んだのです。[3] 議員定数の削減は、地域の人口など立候補者の基礎票から当選ラインがより読みやすくなる環境を生む一方、議員定数が減ることで当選ラインを上げることになりました。それは、「議員になる」という熱い思いだけで立候補することをより難しくする方向に作用します。すなわち、定数が多く、価値が多様な住民が多い市議選では当選ラインが読みにくいので競争が起こりやすく、定数が少なく地区割り選挙になりやすい町村議選ではより無投票になりやすくなったのです。[4] 議員定数削減はそれに拍車をかける効果があったのです。

なお、都道府県議選の無投票の増加の背景は、町村議選と異なっています。都道府県議選では、市郡を基準に選挙区がつくられます。近年、無投票当選が増えているのは、郡部の過疎化と「平成の大合併」です。これらによって、郡部の選挙区が1人区や2人区となった影響で、無投票が生じているのです。[5]

11・2 無投票が抱える負の側面

すでに述べたように、無投票という仕組みは候補者調整を誘発する可能性を内包しており、実際、選挙不正が起こり裁判となっています。

ただ、無投票という仕組みが抱える負の側面はそればかりではありません。選挙不正とならないまでも、選挙民主主義の機能不全につながりかねない問題点は幾つもあります。ここでは、それらについて指摘したいと思います。

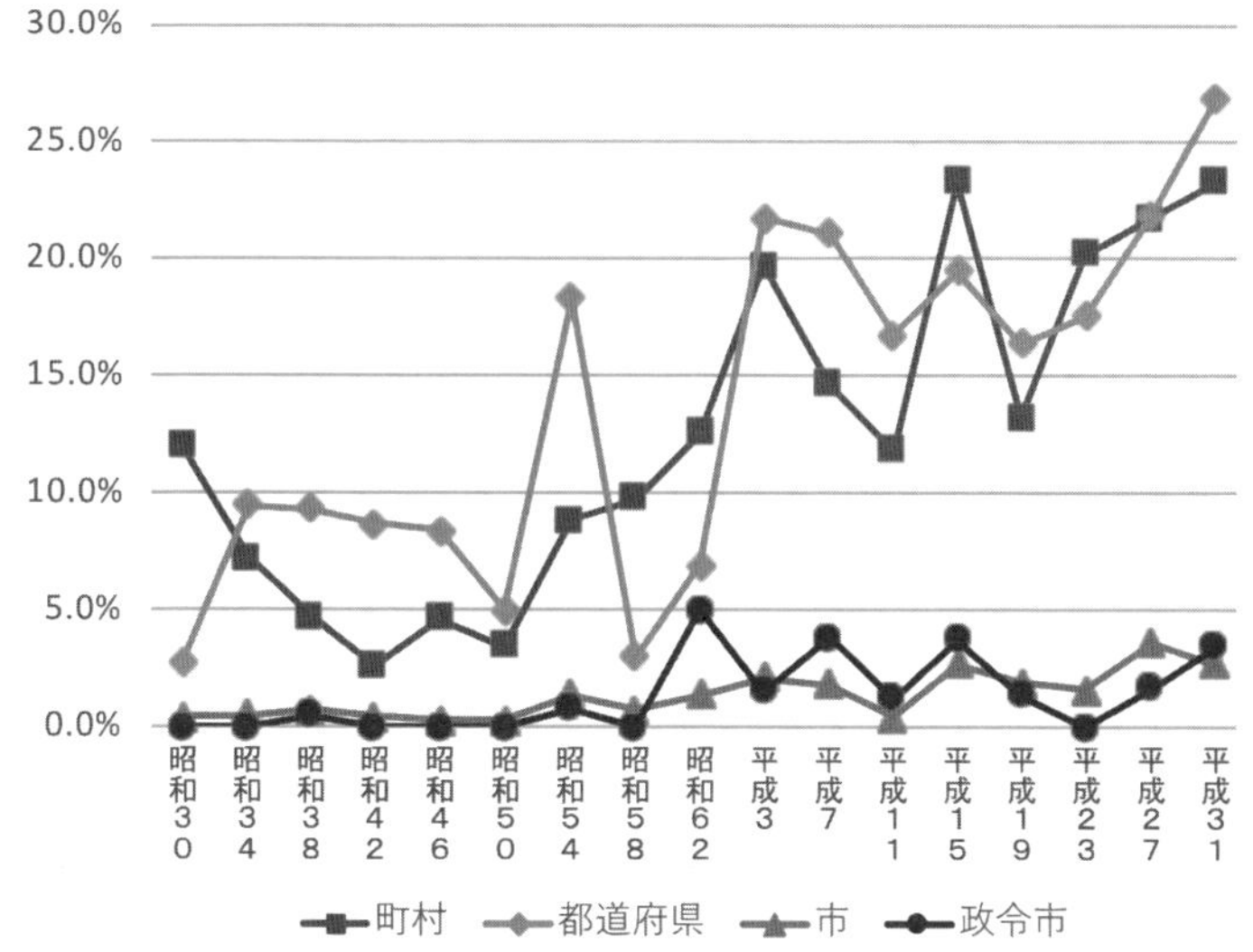

図表 11－2　統一地方選挙における改選定数に占める無投票当選者数の割合の推移

出典：総務省「地方議会について」https://www.soumu.go.jp/main_content/000673723.pdf（2022年8月21日閲覧）

11・2・1 見えない民意・見えない公約

同じ地方議員選挙において1000票で当選した議員の発言力と500票で当選した議員の発言力は、形式的には変わらないと言えます。しかしながら、現実はどうでしょう。1000票を獲得した議員は500票で当選した議員よりも2倍発言力があるとは言えませんが、1000票を獲得した議員の方がより多くの民意を背負っているとみなされやすく、発言力はあると言えるのではないでしょうか。

似たような話に、しばしば選挙でトップ当選した議員は周囲から一目置かれる存在になるという話があります。私が聞いたところでは、かつて「トップ当選しないと議長にはなれない」と言われた議会もあったそうです。

これらは、得票結果が当選後の存在感や政治的影響をはかる1つのバロメーターとして機能していることを示唆しています。

そこに焦点を当てると、無投票の負の側面の1つに気づくのは簡単です。無投票で当選者が決まれば、当選した者が背負っている民意を把握することができません。実際、より多くの票を得て圧勝した首長の方が、対抗馬との競争で辛勝した首長よりも、政策をより強力に推し進めることができます。なぜなら多くの民意を背負っていることが得票という形で可視化されているため、反首長派は反対しづらくなるからです[6]。

「有権者が信任したから無投票になった」と発言する方がしばしば現れますが、それは正確ではありません。むしろ「無投票では、有権者から信任されているかどうかはわからない」と解釈すべきだと思います。

また選挙戦が行われることになれば、立候補者の経歴や首長などの情報が発信され、それを有権者は認識することができます。選挙公報が発行される自治体では、重視する政策などの政策スタンスが公的に明らかにされます。しかし、無投票になると、立候補者が何をしたいのか、政策的にどんな立ち位置なのか、ほとんどの有権者が認識することなく当選できることになります。支持者向けのパンフレットが作られたりするかもしれませんが、選挙運動が行われないため支持者ではない有権者は知らないままなのです。それに、無投票で当選者が公約を遵守して活動しているのか、確認しようと思っても、そもそも公となった選挙公約などがありませんので、検証しようがありません。

私たちは、無投票という仕組みを「選挙費用を抑えられるし対立が回避されるから良い仕組み」と認識するのではなく、「候補者は言質を取られずに当選できてしまう問題のある仕組み」と捉えるべきなのです。

11・2・2 政党組織・後援会組織に与える負の影響

一般的に、多くの日本人は「楽をすればするほど成長はない」と思っているのではないでしょうか。繰り返しになりますが、無投票は楽をして当選できる仕組みです。ただ、楽したがゆえに、後で困ることが起きる可能性もあります。それは組織の劣化です。

一般的な選挙では、候補者や後援会の幹部たちは支援者たちに投票依頼を指示し、支援者たちはその周りにいる有権者に投票の働きかけをする形で進みます。そのような取組みによって後援会はより組織化され、求心力が生まれることになります。言い換えれば、選挙運動は後援会の組織的メンテナンスの場と言えるのです。

無投票で当選が決まると、数年に一度のメンテナンスが行われないということになります。その結果、組織的な紐帯は薄れ、求心力が働きにくくなります。それに無投票になれば、選挙の経験値やノウハウは蓄積されないことになります。

無投票が続けば続くほど、後援会組織は先細りになります。人は誰しも老い、徐々に選挙運動に関われる人が減っていくからです。長期的に見れば、無投票は候補者陣営にとってマイナスに作用します。組織論的に見て、無投票という仕組みは、組織の成長や新陳代謝を妨げる都合の悪い仕組みなのです。

それに、次代の政治家を発掘する上でもマイナスです。選挙運動は、次代を担う後継者を発掘したり育てたりする場であり、それが無投票では失われるからです。無投票は、昨今話題の政治家のなり手不足にもつながっているのです。

11・3　有権者の投票習慣や議会信頼への影響

高齢者の投票率が高い一つの理由として、高齢者は若者よりも政治・行政に頼らざるをえないことが挙げられます。若くて働き盛りの頃は福祉サービスのお世話になることはありません。子どもがいなければ教育行政とも無縁でいられます。しかし、年をとればとるほど、私たちは行政のお世話にならざるを得ず、選挙に関心を持ち投票に行くようになると言えるでしょう。

更に、加齢とともに私たちの社会的なネットワークは広がります。会社員であれば、定年に近づけば近づくほど、子どもが成長していけばいくほど人間関係は幅広くなり、概ね子どもの就職と自らの定年退職とともに縮小に向かうことになります。ネットワークが広がれば広がるほど、投票依頼を受ける確率は増え、頼まれて投票所に足を運ぶ人は増えます。投票所に足を運べば運ぶほど、投票習慣は身につきます。その結果、高齢の投票習慣のある方は、頼まれなくても投票所に足を運ぶようになります。

投票習慣という視点から考えれば、無投票はその形成を妨げるものとみなすことができます。政治に関心を持って投票しようとした若者が、無投票になってがっかりした、という話をよく見聞きします。無投票は投票しようとする有権者の投票意欲を削ぐ効果があると思います。

それだけではありません。一般的に、信頼を高める効果的な方策は相手との距離を縮めることと言われています。選挙は、有権者と政治家が近づく数少ない機会と言えます。有権者との距離を縮め、政治への信頼を高める絶好の機会とみなすことができます。しかし、無投票となれば、その機会は失われることになります。

古くから地方議会の信頼向上は大きな課題になっていると思います。「選挙が無投票になってよかった」と思うのではなく、「選挙が無投票だった、これは議会の信頼を低下させるのでまずい」と思うべきなのです。

【注】

1　たとえば、「前睦沢町議ら３人に有罪判決　町議選無投票工作／千葉」『朝日新聞（千葉県版）』２００４年12月29日。
また、１９９０年代に青森県東北町では、締め切り直前に立候補を辞退させることで町議選を無投票にしたり、町長が町議選の次点者を繰上当選させるため、当選者に助役就任を持ちかける事件が起こったりしています。「東北町議選無競争工作　2被告に懲役2年6月を求刑　青森地裁＝青森」『読売新聞（青森県版）』２００４年４月22日。

2　総務省「地方議会について」https://www.soumu.go.jp/main_content/000673723.pdf（２０２２年８月21日閲覧）

3　河村和徳（２０１０）『市町村合併をめぐる政治意識と地方選挙』木鐸社。

4　もちろん、町村議選の無投票の背景に、議員報酬が生活給になっていないなど、町村議員の待遇の低さがあることは間違いありませんし、町村議員のなり手不足にはそれ以外の要因も数多くあります。ＮＨＫスペシャル取材班（２０２０）『地方議員は必要か３万2千人の大アンケート』文春新書。全国町村議会議長会町村議員のなり手不足対策検討会（２０２４）『町村議員のなり手不足対策検討会報告書（https://bookshelf.wisebook4.jp/view/nactva/53574/)』。

５　なぜ、１人区や2人区が増えると、無投票が増えやすいのでしょうか。１人区の場合、現職が選挙区民から幅広い支持を得ているように見え、対抗馬が出にくいからです。市町村長選挙で無投票が生じやすいのと同じ理屈です。２人区の場合も、２人区だと与野党が議席を分け合いやすいので選挙になりにくいと言えます。参議院通常選挙での２人区がしばしば無風選挙になりやすい状況と同じ構図なのです。

６　たとえば、村井嘉浩宮城県知事は知事選前の公開討論会の際、無投票は望ましくない旨の発言をしています。関連して、次の文献を参照。河村和徳・伊藤裕顕（２０２１）「被災地選挙の諸相（78）　２０２１年宮城県知事選挙の立候補者」『月刊選挙』２０２１年11月号、22―28頁。

第12講　投票率をめぐるあれこれ

KEY POINTS

- 日本では投票率が長期低落傾向にある
- 投票率を左右するポイントは、3つある
- 18歳の投票率は20代前半よりも高い

第12講のねらい

選挙を勝ち抜いた候補者の中には「投票率が高かろうが低かろうが、当選してしまえば一緒」と考えている人もいるかもしれません。しかし、その考えは間違っています。大規模自然災害に対する対応や新型コロナの感染拡大のパンデミック対応など、政治的な意見が割れるときや判断結果が社会に著しい影響を及ぼすようなときを考えてみてください。より高い投票率で多くの票を得た政治家の方がリーダーシップを発揮しやすいことは容易にわかると思います。

そもそも、投票率が低い選挙で当選した政治家よりも投票率が高い選挙で当選した政治家の方が政治的正統性は高いと考えるべきです。具体的に考えてみましょう。

日本の選挙は投票率低下が著しく、なんとか投票率を上げなければということで、投票環境向上のため、さまざまな取組みがなされています（第6講を参照）。総務省ホームページにある「目で見る投票率」[1]を見れば、投票率の下落傾向は一目瞭然です。衆議院総選挙は辛うじて50%を超えていますが、1995年と2019年の参議院通常選挙では50%の大台を切っており、国政選挙の投票率の漸減傾向は続くと予想されます。[2]

地方選挙、とりわけ首長選挙の低投票率化は深刻と言えます。中でも香川県では、平成に入ってから の知事選挙の投票率が一度も40%を超えておらず、

２０２2年知事選では29・09％と過去最低を更新する事態に陥っています。[3]

低投票率の中で有権者の代表が選ばれることは望ましいとは言えません。それにもかかわらず、なぜ有権者は投票所に足を運ばないのでしょう。第12講では、この問題について考えます。[4]

12・1　投票率を左右する要因

世論調査などの分析結果を見てみると、有権者が投票所に足を運ばない理由はさまざまあります。たとえば、「そもそも政治そのものに関心がないから選挙に行かない」という人もいれば、「投票に行く暇がなかったので選挙に行けなかった」という人もいます。「投票に行こうと思ったけれど、選挙でどちらが勝つか見えているので無駄だ」と思い棄権したという人もいます。[5]

選挙に関する研究書では、投票率を左右する要因を大きく3つにまとめています。

第1の要因は、「投票にかかるコスト」です。

近年、期日前投票を利用する理由に投票日当日の天候が追加されたため、現在では影響は低下していますが、以前は投票日の天気は投票率を大きく左右する要因の1つでした。たとえば、投票日が大雨や大雪と予想されていたらどうでしょう。「大雨（大雪）で濡れるのも嫌だし、今回の選挙はパスしよう」という人が出てくることは間違いありません。

また、投票所までの距離があればあるほど、有権者は棄権すると考えられます。投票所に足を運ぶのに時間も労力もかかるからです。投票所が家から10km先ともなれば、歩いて投票所へ行くのは困難ですし、自家用車もなく公共交通機関もないとなれば、投票しないでしょう。また車で投票所まで行けたとしても、駐車場がほとんどなく、投票所に入るまで渋滞するような投票所であれば、投票所に行きたがらないと思います。

第6講で述べたように、近年、投票所までのバス代・タクシー代を支援したり、車に投票箱を積み込んで中山間地を巡回する移動期日前投票車を導入したりする選挙管理委員会が増えつつあります。自治体庁舎だけではなく、大型ショッピングセンターや病院などにも期日前投票所を設置するような動きもあります。こうした動きは投票にかかるコストを引き下げ、投票率を上げようとする取組みと言うことができます[6]。

投票率を左右すると考えられる第2要因は、「投票することに伴い得られる効用」です。

自らの関心のある政策が選挙結果を左右する重要な争点であればあるほど、有権者は選挙に足を運ぶでしょう。衰退が著しい自治体の投票率が高いのは、政治に対する期待が大きいからです。新幹線や高速道路といった「地域の悲願」が達成された途端に都市部で投票率が下がるのは、政治に頼るものがなくなったと思う人が増えたからと考えられます。

なお、候補者の主張が似たり寄ったりのような選挙の投票率は低くなりがちです。誰に投票しても実現する政策が代り映えしなかったら、投票に行っても無駄と思うでしょう。また、「自分と意見が近い候補者がいない」と感じた有権者も、投票所に足を運ばないと思われます。

一般的に、選挙が接戦であると報道されればされるほど投票率が上がりやすいことは間違いありません。私たちの一票の価値が高まり、投票に行こうという意欲が湧きやすいからです。接戦と伝えられることで候補者陣営が支持拡大に躍起になることも投票率が上がることに寄与します。しかし、「現職がかなり優位」という報道があると、「私が投票に行かなくても結果は変わらない」と思う人は増えるでしょう。すなわち、自分の投票が選挙結果を左右すると思える環境ができればできるほど、特定の政党を支持しない人や団体などからの働きかけのない人が投票所に足を運ぶ可能性は高まるのです。

第3は、「民主主義を守らなければならない」「選挙に行くことは国民の義務」といった義務感です。これも投票率を高める要因となります。選挙制度は、議会制度と並び、代議制民主主義を支える大事な制度です。コストがかかっても投票所に足を運ぶ人の中には、「選挙に行くことが大事」という思いから、という人もいるのです。そして、そうした意識を育てるために行われるのが主権者教育なのです（第23講参照）。

12・2 投票率の低落傾向の背景

日本では投票率が長期低落傾向にあることは、この講義の冒頭に指摘しました。

日本で投票率が長期にわたって低下している背景は、国民の政治に対する関心の低下があると思いますし、戦後政治の中で体制が安定し、貧困などのセーフティネットが整備されてきたことも影響していると思います。終戦直後の日本の選挙の投票率が非常に高かったのは、日本という国の方向性が問われ、イデオロギー的な対立が激しかったからでした。加えて、労働環境や社会保障をめぐる制度は十分ではありませんでした。環境に対する意識も希薄でした。しかし、セーフティネットが徐々に整備されれば、政治や行政に頼らなくても何とかなる人が増えることになります。その結果、「わたし一人ぐらい投票しなくても……」と思う人の比率も増え、投票率低下の要因となっていったと思われます。

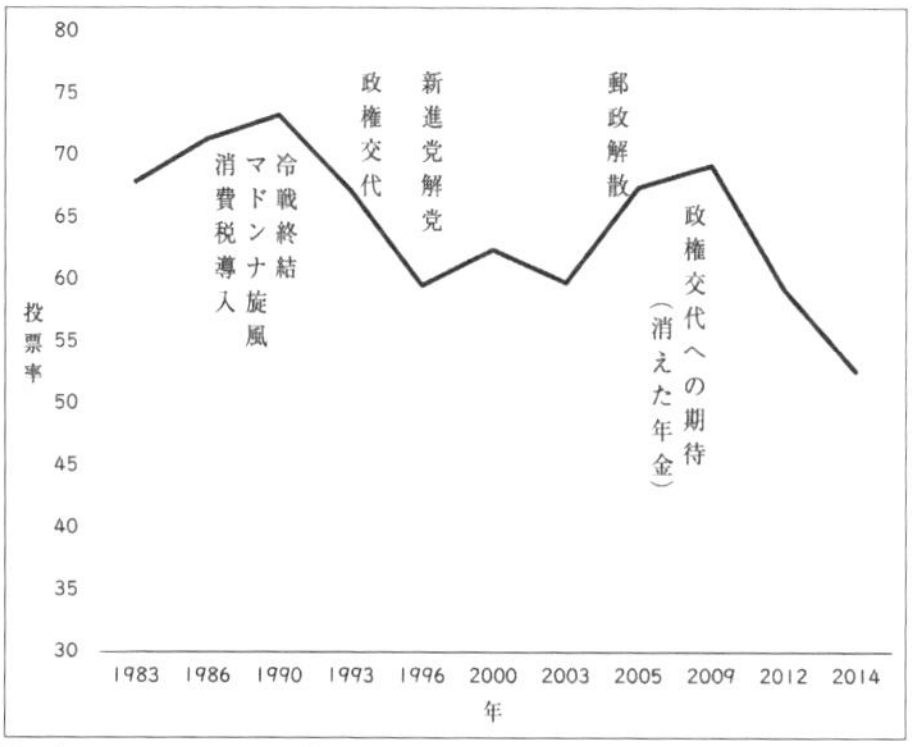

図表 12-1　昭和末期から平成にかけての衆院選の投票率

出典：河村和徳・伊藤裕顕（2017）『被災地選挙の諸相　現職落選ドミノの衝撃から 2016 年参議院選挙まで』河北新報出版センター、第２章、図２を一部修正

ただ、日本の場合、野党の弱さも長期的な投票率の低落傾向に影響を与えていると思われます。**図表12-1**は、昭和末期から平成にかけての衆議院議員総選挙の投票率を図示したものです。この図表から、自民党に対する対抗勢力への期待が高いときには投票率が高くなり、期待が持てなくなったりすると低くなることが確認できます。

イギリスの首相を務めたベンジャミン・ディズレーリ（1804～1881）は「いかなる政府も、手ごわい野党なくしては長く安定することはできない。（No government can be long secure without a formidable opposition.）」という格言を残しています。手ごわい野党がいないことも、投票率低下に一役買っていると認識しておく必要があります。

12・3　18歳の投票率は20代前半よりなぜ高い

ところで、私たちは高齢の有権者の投票率は若者に比べ高いことを知っています。しかし、18歳の投票率が20代前半の投票率よりも高いことを知っている人は意外に少ないかもしれません。

図表12-2は、2016年と2019年の参議院議員通常選挙の年齢別投票率をグラフ化したものです。この図表から、18歳の投票率と比べ、20代前半の投票率が低いことがわかるかと思います。もちろん若者よりも高齢者の投票率が高いことも確認できます[7]。

年齢が高くなればなるほど投票率が高くなる理由は、少し考えればすぐに気づきます。年をとればとるほど行政のお世話になるからです。子どもが生まれれば「子どもをどこで産む」から始まり、「どこに預ける」「どの学校に行かせる」など、子ども中心に生活がまわることになります。子育てが終わると今度は親の介護が待っている、という人も少なくありません。年をとればとるほど政治や行政に関心を持ちやすい環境が生まれ、選挙が身近なものになっている実態があると考えられます。

ところで、18歳の投票率が20代前半よりも投票率が高いのは、「初物効果」と考えられます。「選挙権を得て初めての選挙だから投票所に行こう」となりやすいのです[8]。

ただ、それればかりではありません。19歳以降、進学・就職し一人暮らしを始めた結果、政治の話をする人が周囲からいなくなり、家族や知人からの投票の働きかけがなくなったという若者が多いことも影響していると思います。また、住民票を実家に置いたまま遠方に進学したが、投票のためだけに帰省したくないという若者もいます。

図表12-3は、総務省が公表した2016年参議院議員通常選挙での18歳・19歳の都道府県別投票率です。この図表を見ると、親元から高校に通っている者が多い18歳は投票率が高く、進学・就職者が多い19歳の投票率は相対的に低い値を示していること

がわかります。また、親元から大学に進学している者が相対的に多い首都圏や関西圏、中京圏（アミがけ部分）の18歳・19歳の投票率は、下宿生が多いと思われる県よりも相対的に高いことが確認できます。

　なお、総務省が18歳から20歳を対象に実施したインターネット調査の調査結果[9]によると、親と同居している回答者では２０１６年参院選で投票に行った者の割合は61・5％であったのに対し、同居していない者のそれは32・6％に留まっています。同居していること、周囲から働きかけがあることが、若者の投票率に影響を及ぼしているのです。

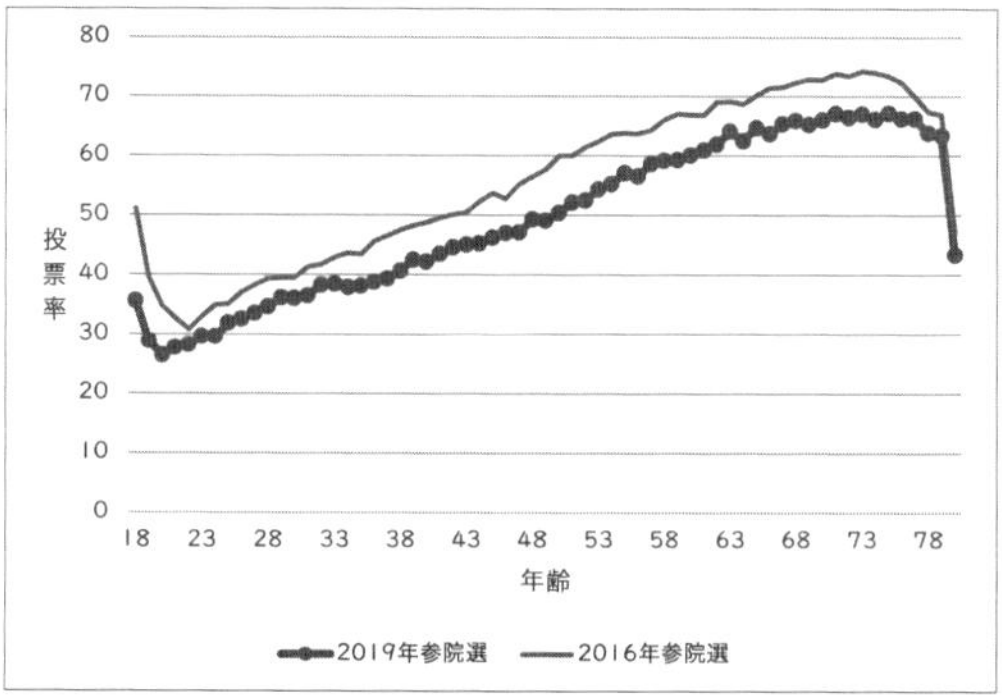

図表 12-2　年齢別の投票率
出典：総務省「令和元年７月21日執行参議院議員通常選挙結果調」を元に筆者作成

　日本が高度経済成長する前、農村部の未成年者の多くは、農作業や地域の奉仕活動等を通じて社会の一員としての自覚を促されていました。そして、青年団などの協働の場で地域の課題を語り合い、その過程で、行政や地方議員たちに接触する重要性を理解していったと思います。村祭りの場が「政治」を話す場になることもしばしばだったのでしょう。

　現代の大学生は大学などで政治や政治学の知識は学んでいます。しかし、かつての若者が肌身で感じて獲得していた知恵を有している者はごく僅かです。高学歴化の過程で、彼ら／彼女らは地域社会と切り離されて大人になる階段を歩んできたからです。「地域の活動はいいから、よい大学へ行って勉強し、よい企業に入ること」が望ましい社会化のルートとされ、地域課題を学ばずに大人になっていくことが是とされてきた影響が、そこにはあります。

　私たちに最も身近な政治家は地方議員です。地方議員と若者がふれあい、選挙のときに投票の働きかけをすることは、彼らが主権者として成長していくための１つの貴重な機会だと思います。そうした過程は若者の投票参加を促すきっかけにもなるのです。

都道府県	全体の投票率	20歳未満の投票率			全体の投票率と20歳未満投票率の乖離
		18歳＋19歳	18歳	19歳	
北海道	56.78	43.38	46.73	40.03	13.40
青森県	55.31	38.96	42.92	34.66	16.35
岩手県	57.78	43.03	47.97	37.74	14.75
宮城県	52.39	45.65	49.99	41.39	6.74
秋田県	60.87	42.29	48.09	35.89	18.58
山形県	62.22	45.91	52.06	39.56	16.31
福島県	57.12	41.39	46.78	35.80	15.73
茨城県	50.77	42.85	47.73	37.93	7.92
栃木県	51.38	42.35	47.50	37.24	9.03
群馬県	50.51	42.41	48.12	36.99	8.10
埼玉県	51.94	50.73	55.31	46.31	1.21
千葉県	52.02	49.89	53.92	46.01	2.13
東京都	57.50	57.84	62.23	53.80	-0.34
神奈川県	55.46	54.70	58.44	51.09	0.76
新潟県	59.77	42.52	47.93	36.98	17.25
富山県	55.61	41.25	47.32	35.13	14.36
石川県	56.88	44.60	50.32	39.07	12.28
福井県	56.50	42.19	48.10	36.24	14.31
山梨県	58.83	47.78	54.16	41.51	11.05
長野県	62.86	45.32	51.92	38.47	17.54
岐阜県	57.74	49.01	52.90	45.05	8.73
静岡県	55.76	42.97	48.70	37.15	12.79
愛知県	55.41	53.77	58.20	49.40	1.64
三重県	59.75	50.12	54.80	45.37	9.63
滋賀県	56.52	50.57	54.15	47.01	5.95
京都府	51.16	46.86	51.12	42.78	4.30
大阪府	52.23	46.80	50.37	43.26	5.43
兵庫県	53.74	44.74	49.32	40.13	9.00
奈良県	56.89	51.63	55.51	47.67	5.26
和歌山県	55.29	41.81	45.96	37.59	13.48
鳥取県	56.28	39.52	45.74	33.26	16.76
島根県	62.20	38.94	44.98	32.84	23.26
岡山県	50.86	39.53	45.34	33.74	11.33
広島県	49.58	37.23	42.60	31.91	12.35
山口県	53.35	37.73	43.41	31.79	15.62
徳島県	46.98	36.01	41.20	30.70	10.97
香川県	50.04	36.52	41.99	30.98	13.52
愛媛県	56.36	35.78	41.43	29.90	20.58
高知県	45.52	30.93	35.29	26.58	14.59
福岡県	52.85	44.74	49.35	40.25	8.11
佐賀県	56.69	45.00	49.61	40.02	11.69
長崎県	55.89	39.32	44.16	34.02	16.57
熊本県	51.46	39.70	45.19	33.87	11.76
大分県	58.38	42.58	47.75	37.17	15.80
宮崎県	49.76	33.61	38.54	28.07	16.15
鹿児島県	55.86	38.94	43.06	34.33	16.92
沖縄県	54.46	42.58	46.07	38.99	11.88

図表 12-3　2016 年参議院通常選挙における 18 歳・19 歳の投票率
出典：総務省「平成 28 年 7 月 10 日執行　参議院議員通常選挙　速報結果」を元に筆者作成

【注】

1　総務省「目で見る投票率」https://www.soumu.go.jp/main_content/000696014.pdf（2023年4月2日閲覧）

2　また、参議院選挙の定数是正の目的で導入された合区選挙区では、立候補者と縁《ゆかり》がない方の県の投票率が著しく下がるという弊害が生じています。関心がある人は私が副座長を務めた鳥取県投票率低下防止等に向けた政治参画のあり方研究会の報告を参照してみてください。鳥取県「投票率低下防止等に向けた政治参画のあり方研究会報告書」https://www.pref.tottori.lg.jp/315202.htm（2024年1月27日閲覧）

3　「相乗り、しらけムード？　投票率29・09%、また最低　知事選　／香川県」『朝日新聞（香川県版）』2022年8月30日

4　投票率について、より深く知りたい人は次の文献を参照してみてください。松林哲也（2023）『何が投票率を高めるのか』有斐閣。

5　多くの政党や団体が現職候補者に推薦を出すような首長選挙で投票率が低くなるのは、このためです。河村和徳（2008）『現代日本の地方選挙と住民意識』慶應義塾大学出版会。

6　「投票環境向上に向けた取組事例集（平成29年3月）」https://www.soumu.go.jp/main_content/000474598.pdf（2023年10月9日閲覧）

7　なお、70代半ば以降の投票率が相対的に低いのは、投票所に足を運ぶことが困難な人が増えるからです。関連して、第6講を参照。

8　初物効果は、選挙権年齢のスタートが20歳の時にも確認されています。

9　総務省「主権者教育等に関する調査及び各種調査結果」http://www.soumu.go.jp/senkyo/senkyo_s/news/senkyo/shukensha_kyoiku/index.html（2023年4月3日閲覧）

第13講　多選が生じる構造と弊害について考える

KEY POINTS

- アメリカ大統領は多選が禁止されている
- 現職が有利な首長は多選化しやすい
- 地方議員にも多選の弊害はあるのか？

第13講のねらい

最近の首長選挙においてベテラン現職候補が新人候補に敗れると、「多選批判で票が伸びなかった」という解説がつくことがしばしばです。たとえば、2023年統一地方選挙の徳島県知事選挙では、6選をめざした飯泉嘉門《いいずみかもん》候補が、奈良県知事選挙では5選をめざした荒井正吾候補がそれぞれ落選していますが、いくつかのマスメディアは「多選批判」に注目して伝えています[1]。

ところで、しばしば耳にする「多選の弊害」とは何なのでしょうか。日本の地方自治では二元代表制が採用されています。そのため、議会がしっかりしていれば首長の多選の弊害は生じにくいと考えられます。また近年は、ゼネコン汚職や官官接待などの大きな不正を経験したこともあり、それを防ぐ仕組み（たとえば、情報公開制度）が創設され、それなりに機能していると考えられます。

多選の弊害は時代とともに移り変わると思います。近年の動向を振り返ると、首長の多選の弊害として挙げられるのは、

①多様な声に耳を傾けない独善的で不寛容な態度を示すようになる
②職員が首長の意向を気にし、忖度《そんたく》をしたり指示待ちの姿勢を採ったりする
③議会が首長に対して耳の痛いことを言わなくなる

このあたりではないでしょうか。

ただ、

④政策内容の硬直化が起こり新たな政策課題に対応できなくなる

⑤定例記者会見を行わないなど情報公開に消極的な姿勢を採り続ける

こうしたことも、弊害の1つとして挙げられるでしょう。経験的に、公務員出身の首長ほど右記のような弊害が指摘される傾向にあると言えます。加えて、総与党化議会になっている自治体ほど、多選の弊害が指摘される傾向があると言えます。[2]

私としては、多選の弊害とは首長が批判されない環境をつくりあげることで生じる副産物であり、首長の心持ちや、議会が首長との間に緊張関係を保つことができれば十分防げるものだと思います。

ただ、多選を考える上では、「首長の場合、どこからが多選なのか」「首長の多選と地方議員の多選を同列に論じてよいのか」といった論点もあります。

第13講では、これらについて採りあげることにします。

13・1　首長の多選は何期めからか

「多選」とは何期めからを指すのでしょうか。

この議論でよく引き合いに出されるのが、アメリカ大統領の事例です。アメリカには、大統領が2回を超えて選挙で選ばれることを禁じる合衆国憲法修正第22条があります[3]（次頁写真）。

三権分立の母国であるアメリカでは、特定の人物に権力が集中することをよしとしません。アメリカ建国の父たちは「人は完全な存在ではなく、過ちを犯す存在[4]」と考え、権力が分立するような政治体制をつくりました。修正第22条も、制限がなければ終身任期である啓蒙君主に近づき、権力があまりにも強くなることを危惧したため、と伝わります。

特定の人が権力の座に居続けると腐敗が生じるという発想は理解できます。ただ、「アメリカの大統領は2期だから」ということで、それをそのまま日本に持ち込もうとするのは乱暴です。近代化の過程で、西欧文明を受け入れた日本の選挙に対する感覚は、欧米のそれとは若干異なっているからです。

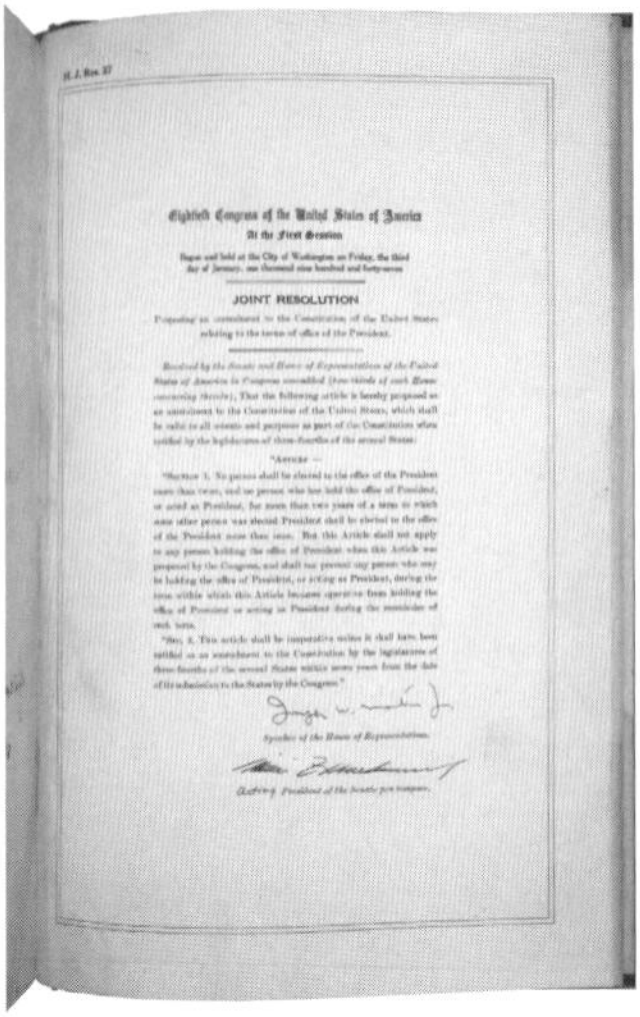
Eightieth Congress of the United States of America
At the First Session
JOINT RESOLUTION

アメリカ合衆国憲法
修正第22条
出典：アメリカ国立公文書記録管理局

たとえば、日本人の中には、「人間性に優れ、余人を持って代えがたい人であれば、ずっとその人が政治的リーダーであった方がよい」と思う人は一定数程度いると思います。また「多選の弊害とされるものは本人の政治姿勢に依存するのだから、当選回数だけで論じるべきではない[5]」と主張する人もいるでしょう。「そもそも選挙は地域の分断を促すので選挙をせず、できる限り同じ人にリーダーを続けてもらいたい」という発想も地域によってはあるかもしれません[6]。

近年、「多選自粛条例」を掲げて選挙に当選したのにもかかわらず、多選自粛条例を自ら撤回して立候補する首長が散見されます[7]。

多選自粛条例で設定された多選の基準は3、4期あたりでした。なぜ「3、4期以降が多選」と考えられたのでしょう。「十年一昔」という発想が日本にはあり、わかりやすいから、というのは安直ですし、理由として貧弱と言えるでしょう。もう少し理由を筋道立てて考えたり、データに基づいて考えたりする必要があると思います（図表13-1）。

私は、2007年統一地方選挙の頃、「生存分析」という手法を使い、知事や市長の多選を分析したことがあります。その際、国会議員や地方議員など政治家出身の首長が落選し退場していく確率は当選回数を重ねてもそれほど変わらないのですが、公務員出身（とくに副知事・副市長経験者）の首長では3期目を超えるとなかなか落選しない、ということに気づきました。

公務員出身の首長のほうが多選の弊害を指摘される傾向にあることと合わせて考えると、弊害発生のメカニズムは次のように説明できると思います。

そもそも首長が多選化しやすいのは、選挙では基本的に現職が有利だからです。投票先を判断する際に有益な情報は、基本的に現職候補のほうが多く新人候補のほうが少ないことは間違いありません。そして、多くの有権者は、投票先を選ぶ情報を収集するコストを惜しむ傾向にあります。

これらを前提に考えると、現職を評価すれば現職に投票し、評価しないのであれば新人に投票するといった「賞罰投票」を有権者が選択する傾向があることが導けます。[8] わかりやすく言えば、有権者から不評を買うようなことをしない限り、現職は強いと考えられるのです。

また、現職はその立場を利用して選挙環境を有利に整えることができます。たとえば、新人がある画期的な政策を公約に掲げたとします。しかし、時間的な余裕があればあるほど、現職候補はその画期的な提案を職員などに分析させ、自らの公約にアップデートしたものとして追加することができます。すなわち、新人は現職のストロングポイントを打ち消すのは困難ですが、現職は新人のストロングポイントを打ち消すことが容易なのです。

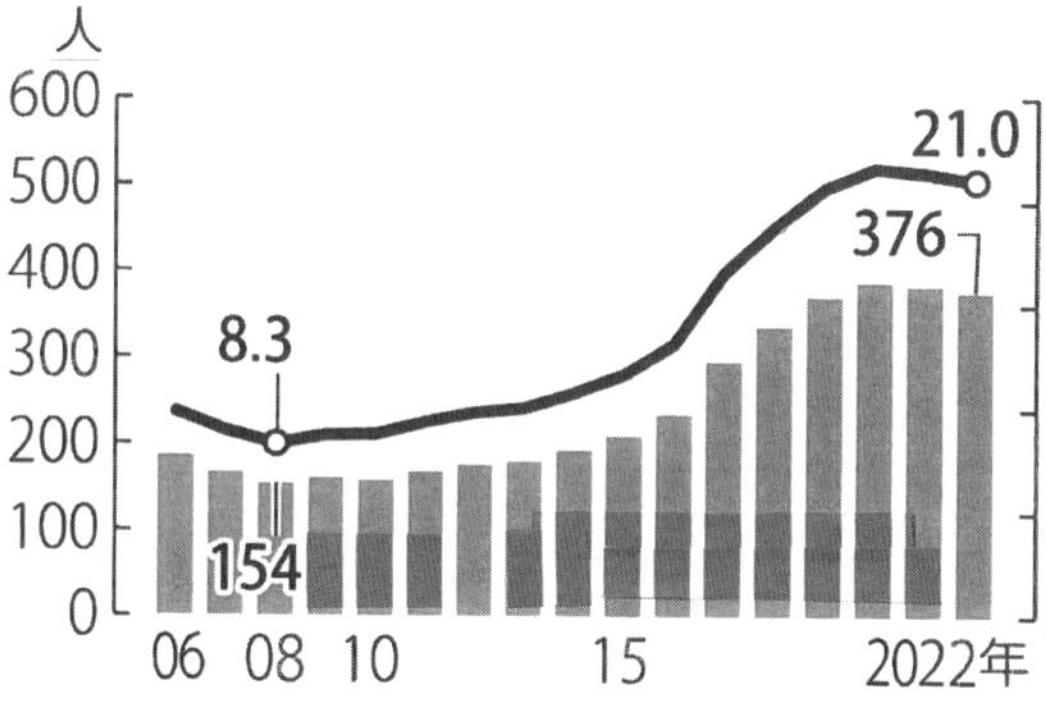

図表 13-1　連続４期以上の首長数と割合の推移

首長の任期を「３期まで」とする努力規定を設けた「多選自粛条例」は 2003 年以降全国に広がったが、地方の「なり手不足」を背景にその潮流は弱まっている。総務省によると、連続４期以上の知事・市区町村長は 2008 年末に 154 人（8・3%）だったが、その後は増加傾向で、2022 年末は 376 人（21・0%）だった。
出典：総務省調査をもとに作成されたグラフ（読売新聞、2023 年４月 15 日）を一部修正。

13・2　多選はなぜ3期めが潮目なのか

ここまで多選が生じやすいことを説明しましたが、「なぜ3期めあたりが潮目なのか」は、説明されていません。ここから公務員出身の首長の多選を考えるとき、3期めあたりが潮目になる理由を説明したいと思います。

日本の地方自治は、首長と議会が住民に直接的に責任を負う対等な機関であり、お互いがチェックしあう機関対立主義を採用しています。しかしながら、地方自治法を読めばわかるように、日本の二元代表制は明らかに首長（執行部）が強い制度設計となっています。

たとえば、首長には予算提案権だけではなく、条例提案権もあります。[9]さらに職員組織という地方最大の政策シンクタンク組織を抱えています。専決処分を行うこともできます。一方、地方議員は条例提案権を有していますが、地方議会の予算修正権限は著しく制限されています。すなわち、日本では「強首長・弱議会」が基本となっているのです。

政治家出身の首長は、元々自らが有していた後援会組織を基本に選挙を戦い続けるのが普通です。そして多くの場合、議会の中に味方もいれば敵もいるという状況は続きます。そのため、政治家出身首長は常に対抗馬が現れる可能性が相対的に高いと言えます。

一方、公務員出身の首長は初出馬の際に政治的な地盤をほとんど持たないというのが普通です。そして初出馬の際、地方議員などの既存の政治勢力の支援を受けて出馬するのが一般的です。公務員候補は政治的なネットワークはあるものの、公務員には政治的中立が求められているため、選挙に長けている十分な選挙組織（いわゆるジバン）がないからです。公務員が多くの政党・組織の推薦や支持を受けて立候補する様を「神輿《みこし》として担がれて出馬」と表現するのはそうした理由からです。

仮に多くの政党・組織からの支援で公務員出身の候補者が初当選したとしましょう。このときの首長と議会の力関係は、制度が想定している「強首長・弱議会」ではありません。なぜなら、選挙を支えてくれた地方議員や政党・団体から要求を新首長はなかなか断れないからです。すなわち、公務員出身の新首長は議会に対し相対的に弱い存在になります。

しかし、両者の関係は3期めぐらいから変化していきます。理由は2つあります。1つは議員と首長の力関係が変化するため、もう1つが人事によって職員を首長が掌握していくためです。

前者に関して言えば、次の点が指摘できます。まず10年近くも首長をすれば、公務員出身の首長であっても個人後援会がしっかりしてきます。最初は敵対していても「現職だから」とすり寄る組織・団体も出てきます。加えて、初当選時に支えてくれたベテラン議員の多くは10年もすれば引退し、多くは代替わりします。そのため、首長のベテラン議員への気兼ねは減り、選挙における議員への依存度は低下します。

議員の方も、公約実現のために首長に予算をつけてもらう必要がありますので、与党議員を中心に、強く首長にものを言えなくなっていきます。

当選を重ねれば重ねるほど、首長の人事による職員組織の掌握も進んでいき、職員が忖度する確率も上がっていきます。10年もすれば、執行部の体制はより首長の意向に沿った組織に変わります。左遷されたくなければ黙った方が得策だからです。さらに首長が当選を重ねれば重ねるほど、首長よりも高齢で知識・経験のある職員は庁舎内からいなくなっていきます。首長の初当選が50代であれば、3期めには概ね60代、「その自治体で最も高齢で、かつ行政経験があり、課題を掌握しているのは首長」という状態が生まれます。

こう考えると、多選の潮目が3期めあたりになるのはもっともかと思います。

13・3　地方議員にも多選の弊害はある？

政令市を除いた市区町村議員選挙のように、自治体を1つの選挙区とし、10人を超える当選者がいるような大選挙区制の下では、そこで当選する議員は「部分代表」の性格を強く帯びることになります。そのため、議員が多選状態であったとしても、高齢者や特定の層の代表とみなすことができますし、首長ほど強い権限がありませんので「多選の弊害は生じにくい」と考えることはできます。

しかしながら、加齢と当選回数を重ねることによって生じる思考の硬直性や、多様な意見に対する不寛容さは多選の弊害の1つと考えられます。たとえば「若造のくせに」「女のくせに」といった発言が聞かれたら、それは多選の弊害であると考えてよいでしょう。

また時代の変化、とりわけ新しい技術に対応できないことも多選の弊害とみなすことができるかもしれません。たとえば、高齢議員の多い自治体ほど地方議会のデジタル化が進みにくいという事象が見られます。高齢議員がそれに反対する抵抗勢力になっている場合が多く、抵抗している議員は、「議会の未来」よりも「自分の都合」を優先していると見なせます[10]。

政治の世界には基本的に停年（定年）がありません。政治参加の自由がある以上、生涯現役は可能です。ただ、当選を重ね、自らの年齢が上がれば上がるほど、後援会組織も高齢化し、若い有権者との距離はできます。組織が高齢化すれば後援会組織の活力はどうしても失われることになり、集票力は低下します。選挙に落選して引退を決断するのか、それともしかるべきタイミングで後進に道を譲るのか。議員にとってこれは難しい問題です。

もしかすると、議員の多選の弊害は、当選を重ねるたびにいつ後進に道を譲ればよいのかわからなくなることなのかもしれません[11]。

【注】

1　たとえば、「知事選　保守分裂　現職が涙　奈良・徳島　多選批判かわせず」『読売新聞』２０２３年4月10日。

2　河村和徳（２００８）『現代日本の地方選挙と住民意識』慶應義塾大学出版会。

3　「初代大統領であるワシントンが3期目を求めなかったから」というのは厳密な理由ではありません。実際、修正第22条が採択される以前には、大統領職に3期以上就くことに意欲を見せた大統領もいました。そうした中、唯一選挙で3度以上選ばれたのが、フランクリン・ルーズベルトです。彼は１９３３年から45年まで大統領を務めました。彼が前例を破る理由として掲げたのは世界大戦の勃発であり、１９４４年の大統領選に出馬し3度目の当選（4期目）を果たしました。なお、修正第22条が成立したのは彼の死後のことです。

4　アメリカにおける三権分立などの考え方を理解する上で、次の文献は必読です。アレクサンダー・ハミルトン、ジョン・ジェイ、ジェームズ・マディソン（斎藤眞・中野勝郎［訳］）（１９９９）『ザ・フェデラリスト』岩波文庫。

5　関連して、次の記事を参照。ＮＨＫ選挙ＷＥＢ「「多選」は悪くない⁉」https://www.nhk.or.jp/politics/articles/feature/3824.html（２０２３年9月3日閲覧）

6　長い間、村長選挙が行われず、親子二代で半世紀以上村政を担った大分県姫島村の事例が挙げられます。ＮＨＫ選挙ＷＥＢ「選挙を知ろう　61年ぶりの戦い⁉投票率88％の村長選」https://www.nhk.or.jp/senkyo/chisiki/ch18/20161118.html（２０２３年

9月3日閲覧）

7　多選を批判して登場したのに多選を続ける首長の中には「多選自粛条例」制定を「若気の至り」と振り返ったり、「時代的に多選自粛はそぐわない」と開き直る者すらいます。しがらみのない改革派であり、政治の世界に執着していないことをアピールするパフォーマンスだったと評価せざるを得ません。たとえば、「勢いを失った『首長の多選抑制』」『東京新聞』2023年2月26日。

8　選挙研究には、現職の業績を評価すれば現職に投票し、新人に期待するのであれば新人に投票する「業績評価投票」といった仮説もあります。これらの仮説について学びたいようでしたら、たとえば次の文献を参照してみてください。山田真裕・飯田健［編著］（2009）『投票行動研究のフロンティア』おうふう。

9　アメリカでは大統領に予算提案権も法令提案権もありません。

10　地方議会のデジタル化については、第21、22講を参照してください。

11　新型コロナ禍や地方議員のなり手不足も、引退するタイミングを難しくしている要因の1つと考えられます。関連して、次の文献を参照してみてください。NHKスペシャル取材班（2020）『地方議員は必要か―3万2千人の大アンケート』文春新書。

第14講　どうして経歴詐称がたびたび起こるのか

KEY POINTS

- 経歴は候補者を知る「手がかり」
- 「情報収集コスト」を人は惜しむ
- デジタル化で経歴詐称は減る？

第14講のねらい

2022年アメリカ中間選挙が終わった頃、連邦下院議員選挙ニューヨーク第3区で当選した共和党のジョージ・サントス議員（写真）に注目が集まりました。その理由は、選挙の際に彼が示した経歴の中に大量のうそが含まれていたからです。[1] 結局、下院が彼を除名する決議案を可決し、彼は議員の地位を失いました。[2]

ただ彼のように経歴を詐称する政治家は洋の東西を問わず、また国と地方を問わずいます。日本でも議員が経歴詐称で失職したり、辞職したりする事例は起こっています。[3] 筆者が住む宮城県でも、市議会議員が同僚議員に経歴詐称を指摘され、辞職しました。[4]

経歴詐称の基本にあるのは「選挙に何としてでも勝ちたい」という強い思いであることは間違いありません。今風に言えば「盛ってしまう」のです。ただ、そのような候補者は有権者の代理人たる政治家としてふさわしくはありません。

また選挙の公正さを考えるにあたっては、

ジョージ・サントス元アメリカ下院議員

サントス元議員は学歴・職歴のみならず自らの詐欺行為も隠蔽していた。
出典：連邦下院写真局

①選挙関連情報に有権者は適切にアクセスできているか
②投開票に対する妨害工作はないか
③選挙の手続きの透明性が確保されているか

といった条件をクリアしている必要がありますが、経歴詐称は①に関わる大きな話です。

それにもかかわらず、なぜ詐称がなくならないのでしょう。それに手を染める候補者側の問題も大きいのですが、私たちがどのように情報を得て社会を認識しているか、といった問題も大きく関係しています。

第14講では、経歴詐称が起こる背景を出発点に、私たちが少ない情報で候補者を判断していることについて解説したいと思います。

14・1　候補者を判断する「手がかり」としての経歴

経歴詐称には、うその履歴をでっち上げる詐称もありますが、大学を「中退」したのにもかかわらず選挙公報に大学「卒業」と書いてしまうような詐称もあり、さまざまです。ただ、程度の差こそあれ、その背景に「その経歴を提示すれば選挙が有利になる」という判断があることは間違いありません。経歴詐称で「うっかり」はありえないからです。

一般的に、人間関係は長い付き合いをすればするほどよい関係を構築できると考えられます。なぜなら、時間をかけて相手を知ることができるからです。しかし、私たちは、少ない時間で相手の人間性や能力などを判断しなければならないことにしばしば遭遇します。

たとえば、「就職面接」や「お見合い」が該当するかと思います。そのとき、学歴や職歴は相手を判断する上での1つの材料になります。「偏差値の高い大学を卒業した学生はおそらく優秀であろう」「大企業の社員であれば、ある程度の収入であろう」という形で、しばしば私たちは相手の能力や将来性を推測します。私たちは限られた時間の中で判断する材料として経歴は有効であることを知っているので、利用してしまうのです。

同様に、選挙では、選挙期間という短い時間の中で候補者を判断し、投票先を選ぶことを強いられます。とりわけ、新人同士の選挙では、各候補者が訴えている情報をより多く集めることが大事であることをわかりながらも、学歴や経歴など使って公約の遂行能力や専門性の高さなどを判断し投票に至ることがしばしばでしょう。

ここから、経歴は、候補者の能力を推量する「手がかり」として機能していると言えるでしょう。

14・2 人間は「情報収集コストを惜しむ」と考えると

ところで、私たちは日常生活において情報集めの労力を惜しんで行動しています。「人間は情報収集コストを惜しみつつ、できるだけよい決定をしたいと考えている生き物だ」と言ってもよいかもしれません。

さきほど「偏差値の高い大学」の例を出しましたが、この偏差値を利用した大学進学こそ、私たちが情報収集のコストを惜しんで意思決定をしている好例だと言えます。大学には様々な教員がおり、提供されているカリキュラムは多様です。偏差値が高い大学であっても、教える側の教員のすべてに高い研究能力があるとは限りません。(事実、高い研究能力を有する教員が定年退職後に、地方の無名の大学で教えているケースは多々あります。)

しかし、現実問題として、大学の情報をすべて収集することは、進学を控えた高校生にとって不可能と言えます。今でこそコンピュータが普及し、大学側の積極的な情報提供もあって、かつてよりも判断は楽になったとはいえ、依然として

「文系か理系か」
「学びたい分野か否か」
「自宅から通えるか否か」

といった大枠の括りで絞り込みをかけ(すなわち情報収集コストを節約し)、残った大学から受験先を選択している高校生がほとんどかと思います。そうした中で、偏差値は「入りやすさ」を示している指標と言えます。偏差値を手がかりに入学先を決めるのは合理的なのです。

このような考え方を選挙に応用すると、衆議院の

選挙区や首長選挙のような1人区制（小選挙区制）の選挙よりも、多くの候補者が立候補し候補者の主張が似通いやすい地方議員選挙の方が、経歴は投票先を絞り込む有効な手段として利用されていると考えられます。

極端な例になりますが、たとえば東京23区の区議会議員選挙のように、立候補者が30人以上いるような選挙では、一般の有権者が全ての候補者の情報を集めるのは非合理ですし、そもそも適切に判断できる能力の限界を超えていると言わざるを得ません。立候補者が多数に上る選挙では、経歴を使って候補者を絞り込むのです。

ところで、有権者が投票先を絞り込む際に使われる情報は、「候補者個人の資質に関わる情報」と「候補者の政治的ネットワークに関わる情報」に大別できるかと思います。どちらかと言えば、経歴は前者に該当する情報と言えます。そして、政党や組織・団体からの推薦[6]は、後者の側面が強い情報と言えるかと思います。

学歴には双方の性格があります。首長選挙における候補者選考の際、しばしば候補者の出身高校が注目されるのは、地元進学校の出身者が候補者であれば能力的な説明をしやすく、かつ有力者が多い当該高校の同窓会ネットワークが活用できるからです。そしてそれらは当選確率の上昇につながります。[7]

なお、有権者は「情報収集コストを惜しむ」存在だと考えると、選挙、とりわけ衆議院の選挙区や首長選において、現職候補者が相対的に有利であることも理解しやすいと思います。これまでの政治活動の実績から、現職候補者は新人候補者よりも圧倒的に情報量が多いと言えます。有権者にとって、まったく情報のない新人候補の情報を集めるより、まず情報量の多い現職から吟味するのが合理的です。

事実、「現職は厳しい」と悟ってから、はじめて新人候補の情報を集める有権者も少なくないと思います。現職が落選するときは、おおよそ失政やスキャンダルといったマイナスに作用する情報が広まっているときが多いのが一般的、と言えるでしょう。[8]

14・3　デジタル社会と経歴詐称

さきほど、「有権者は情報収集コストの手間を惜しむ存在」と考えたとしたら——というお話をしました。経歴詐称が生ずるのは、有権者が候補者の提示した情報を信用し、その情報が正確かどうか確認しないまま投票する現実があるからです。ただ、経歴詐称した立候補者に投票した有権者を責めるべきではありません。責められるべきは、詐称をした候補者側にあります。

選挙管理委員会を責めることも難しいでしょう。立候補者の情報を厳格に審査することは、マンパワーをはじめとした選挙管理委員会事務局の資源的に見て不可能です。それに、立候補審査に多大なコストをかけなければなりませんので、現実的ではありません。立候補の際の居住要件[9]が事後的に確認されることから明らかなように、疑惑が生じてから調査する方が効率的です。またこちらの方が、「お金がかからない選挙」という日本（人）の選挙の哲学《フィロソフィー》とも合致します（第1講参照）。

日本の地方選挙、とりわけ地方議員選挙は、自らの選挙資源で選挙を行う仕組みですが、この仕組みは国政選挙のような政党のチェックが機能しづらく、経歴詐称が相対的に生じやすい仕組みとも言えます。近年、政党が候補者を公募することが是とされる風潮もありますが、公募者の選考過程や選挙運動過程で詐称がないかをチェックできないと、結果として経歴詐称した者に政党がお墨付きを与えてしまうという困った事態も発生しますし、すでにそれは生じています[10]。

罰則を強化したりすることで抑制するのは1つの案です。しかし、インターネット選挙運動が解禁されて選挙における情報収集にデジタルが用いられる確率が上がっていますし、マスメディアを中心にファクトチェックの動きも増えていることを考えると、今後、選挙のときだけ経歴詐称するような動きは減ると思います。もっと言えば、立候補を表明した時点で疑惑がないか、選管ではなく民間（主としてマスメディアが担い手になるでしょう）の手でチェックされる確率が高まり、結果として詐称が減るのではないかと思います。

ご存じの方もいると思いますが、近年、「デジタル・タトゥー」という言葉に注目が集まっています。これは、いったんインターネット上に情報が発信されてしまうと、将来の自分にとって不利な情報がネット空間上に残り続けてしまうことを指しています。デジタル・タトゥーはネガティブな表現ですが、過去の情報が残り続けるということは、過去の情報から今の詐称を見抜ける環境が整っているということでもあります。「議員選挙に立候補する前の経歴や発言を有権者は容易に検索できるようになった」ということです。

このことは、情報を発信する候補者側はもちろん、受け取る有権者側の情報リテラシースキル（情報収集を適切に行え、適切に判断できるスキル）がより求められる時代になりつつあることを示しているとも言えるでしょう。[11]

【注】

1 冷泉彰彦「経歴詐称のサントス議員を辞めさせられない共和党」『ニューズウィーク日本版』２０２３年1月25日 https://www.newsweekjapan.jp/reizei/2023/01/post-1301.php（２０２４年2月10日閲覧）など。

2 除名されたアメリカ下院議員は史上6人目で、約20年ぶりだそうです。「米下院、経歴詐称のサントス議員を除名」『日本経済新聞（夕刊）』２０２３年12月2日。

3 たとえば、「［「うそ」の代償］新間参院議員失職（上） しりぬぐい選に11億円以上（連載）」『読売新聞』１９９４年7月19日、「学歴詐称の久慈市議に罰金30万円の略式命令 公民権停止3年 簡裁（岩手県版）」『読売新聞』２００８年9月4日。

4 「学歴 大卒と詐称 栗原市議が辞職（宮城県版）」『読売新聞』２０２３年2月7日。

5 関連して、次の文献を参照。大西裕［編著］（２０１７）『選挙ガバナンスの実態 世界編―その多様性と「民主主義の質」への影響』ミネルヴァ書房。大西裕［編著］（２０１８）『選挙ガバナンスの実態 日本編―「公正・公平」を目指す制度運用とその課題』ミネルヴァ書房。

6 ただ、ネットワークはしばしば「しがらみ」と解釈される場合もあります。そのため、都市部の首長選挙などでは、無所属であることをアピールしたり、組織・団体からの推薦をあえて求めない姿勢を示したりすることで集票活動につなげようとする候補者もいます。

7 公務員出身という職歴も双方に該当するかと思います。公務員を退職した立候補者の選挙公報を見ると、即戦力をアピールする記述が見られますが、これは資質をアピールしたものと言えます。またその横に「国（地方）とのパイプ役を果たす」とあったら、これはネットワークをアピールするものと判断することができます。

8　２０１３年、福島県で現職市町村長が次々と落選する「現職落選ドミノ現象」が起きました。これが生じた背景には、震災や原発事故に対する対応のまずさや、現職が初動の見える化に失敗したことがあるとされます。河村和徳・伊藤裕顕（２０１７）『被災地選挙の諸相　現職落選ドミノの衝撃から２０１６年参議院選挙まで』河北新報出版センター。

9　２０１９年春の統一地方選では「立候補する自治体に3カ月以上」との住所要件を満たさない候補者が相次ぎました。そこで２０２０年3月の公職選挙法改正で、公選法罰則規定が適用できるようになりました。総務省「地域の自主性及び自立性を高めるための改革の推進を図るための関係法律の整備に関する法律による公職選挙法の一部改正の施行について（通知）」https://www.soumu.go.jp/main_content/000749476.pdf（２０２４年２月13日閲覧）

10　時事通信「維新・岬氏経歴「虚偽だった」調査結果発表―減税・河村氏」２０２２年5月13日配信記事。https://www.jiji.com/jc/article?k=2022051301147&g=pol（２０２３年2月6日閲覧）

11　これについては、インターネットが普及する前から議論があります。マスメディアから発信される情報は、特定の視点から切り取られた情報であり、異なる情報源を組み合わせて理解する必要性があります。メディアの影響力などについては、次の文献を参照してみてください。稲増一憲（２０２２）『マスメディアとは何か―「影響力」の正体』中公新書。

第15講　「地域の悲願」達成で変わる地方選挙

KEY POINTS

- 「地域の悲願」が重要争点になるのは1980年代から
- 「地域の悲願」は地域内対立を封印するお札
- 悲願達成後は行政の透明化が選挙の重要争点に

第15講のねらい

戦後の日本の地方選挙を振り返ると、「地域の悲願」という言葉が多用されていることに気づきます。昭和の高度経済成長の頃には、トンネルや橋、上下水道など生活に直結するインフラが地域の悲願とされていたように思います。

しかし、平成に入ると、地域の悲願は、空港や高速道路、新幹線といった高速交通網の整備であったり、オリンピックや万国博覧会のような、それらを使うイベントを指すようになったりした印象があります。

こうした変化の理由は、生活インフラの整備がほぼ終わったことと無縁ではないと思います。ただ、東京の一極集中を是正し「多極分散型国土」の構築をうたった第四次全国総合開発計画（1987年）を後ろ盾に、高速交通網の整備を後回しにされた地域の巻き返しがあったことも理由に挙げられると思います。

私の前任校は金沢大学になります。縁あって現在でも金沢大学の法科大学院の非常勤講師として通っています。以前は、移動に仙台空港と小松空港（石川県小松市の飛行場で、石川県南部および福井県北部へのアクセス拠点）を往復する飛行機を利用していましたが、悲願とされていた北陸新幹線金沢開業（2015年、**図表15-1**）にあわせ、大宮駅経由の新幹線利用にシフトしました。いまでは北陸新幹線のヘビーユーザーとなっています。

整備新幹線の中で開業効果が最も大きいと評価される「北陸新幹線の金沢延伸」ですが、金沢延伸が決まった頃、それを懐疑的な目で見る有権者が一定数存在していた事実を知らない人は多いと思います。新幹線開業後の金沢のいまを知っているいまからすれば、「そういった人たちがいたとは思えない」と思うかもしれません。

金沢延伸が決められた頃、私は北陸中日新聞の協力を得て金沢市民に対する意識調査を行いました。調査票に「新幹線は役に立つか」という問いを加えたのですが、その結果を示したものが**図表15-2**です。これを見ると、「自分にも地域にも役に立たない」と回答した人が、回答者の全体の4分の1ほどいたことがわかります。[1]

図表 15-1　北陸新幹線金沢開業 PR ポスター
出典：石川県「北陸新幹線金沢開業 PR チラシ及びロゴマークについて」https://www.pref.ishikawa.lg.jp/yukyaku/chrashi-logo.html（2024年2月13日閲覧）

基本的に、新幹線の整備など、地域の悲願とされる大型公共事業は、公然と反対することが難しい争点とみなせます。地域のためにならないと否定することが難しいからです。それでは、こうした悲願が達成されたら、どうなるのでしょうか。

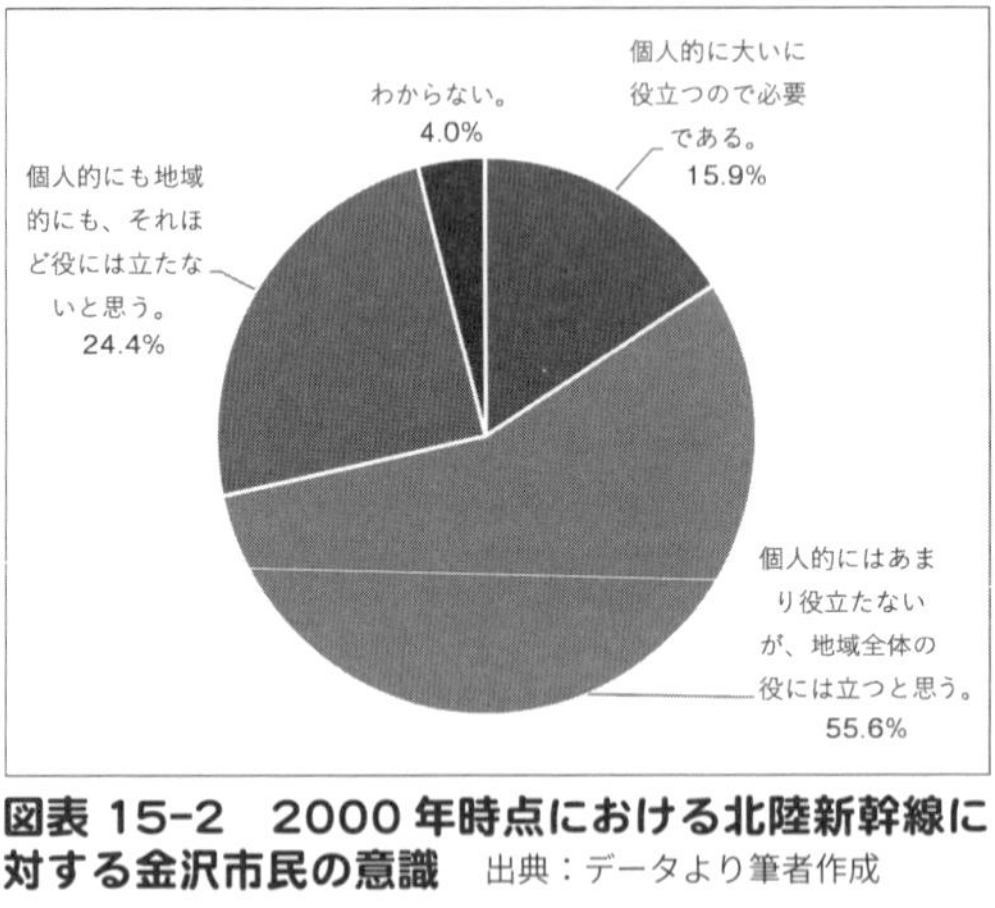

図表 15-2　2000 年時点における北陸新幹線に対する金沢市民の意識　出典：データより筆者作成

第15講では、「地域の悲願」という争点の特徴と、それが達成された後の変化について、整備新幹線の事例を中心に考えたいと思います。

15・1　「地域の悲願」の持つ特徴

「地域の悲願」と呼ばれる争点を、もう少し深掘りして考えてみることにしましょう。

近年の地域の悲願の代表格として挙げられるのは、前述したように新幹線網の整備です。2022年に西九州新幹線武雄温泉―長崎間が開業し、2024年3月には北陸新幹線が敦賀まで延伸しました（図表15-3）。

目下、政治的重要争点として浮上しているのは、北海道新幹線の札幌延伸かと思います。2023年5月の函館市長選挙では北海道新幹線の函館乗り入れが争点となりましたし[2]、冬季オリンピック・パラリンピックの札幌招致運動[3]は北海道新幹線札幌延伸を前提に動いていました。また北海道新幹線が札幌延伸した場合に並行在来線を廃止すると、北海道からの農産物の輸送に支障が出ると問題にもなっています[4]。

着工のメドが立っていない新幹線計画が地域政治の重要争点に挙がっているところもあります。たと

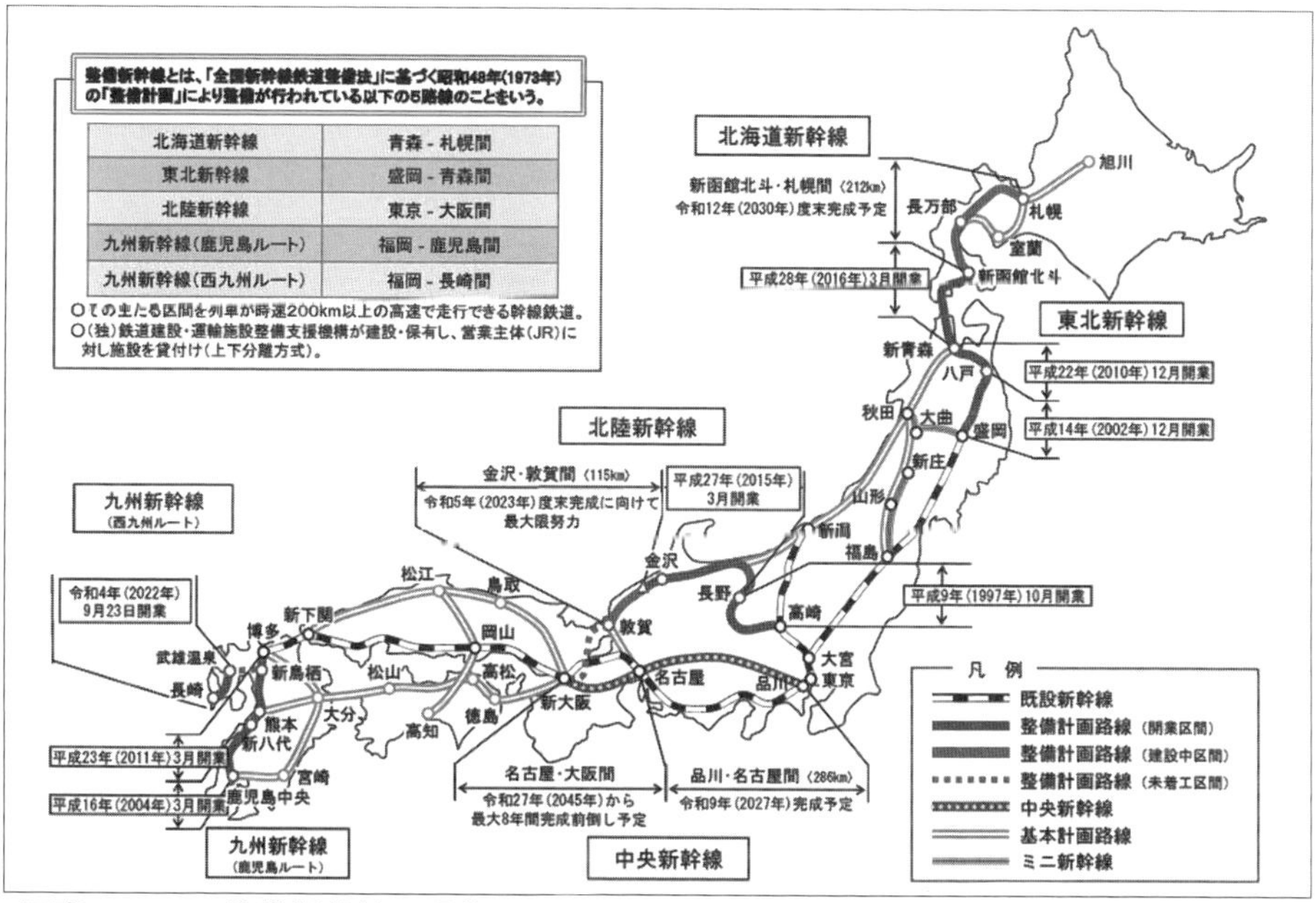

図表 15-3　整備新幹線の現状　出典：福井県「ルート図（整備新幹線）」https://www.pref.fukui.lg.jp/doc/shinkansen/gaiyou/ru-to.html（2024年2月13日閲覧）

えば、四国でその事例が見られます。２０２３年４月の統一地方選挙で行われた徳島県知事選挙は、保守分裂選挙となりました。その知事選で勝利した後藤田正純知事は、飯泉嘉門前知事が示していた四国新幹線淡路島ルート案を撤回し、岡山ルート案で他の3県と足並みを揃えることを表明しました[5]。ただ、足並みが揃ったとしても、そもそも四国新幹線は国が進める整備新幹線計画には入っていません[6]。

「地域の悲願」とされているものは、新幹線や高速道路のようなインフラばかりではありません。オリンピックや万国博覧会といった国際的なイベントも、地域の悲願と言えるかと思います。

東京や大阪といったインフラが十分整備された都市では、国内外における自らのプレゼンスを挙げる手段として国際的な大規模イベントを誘致しようとします。また都市の再開発を目的とする場合もあります。ただ、多くの場合、国際的な大規模イベントを招致する原資は税金です。財政状況が厳しい近年は、そうしたイベントをする際に地域住民に納得してもらう何らかの物語が必要とされます。２０２０年東京オリンピック・パラリンピック競技大会の招致で使われたのは「復興五輪」という物語でしたが[7]、この物語は日本全体の悲願として機能するものでもありました。

そう考えると、東日本大震災からの復興も地域の悲願の1つと位置付けることが可能でしょう。福島県にとって原子力災害からの再生は、地域の悲願であることは間違いありません。東日本大震災の津波被災地である岩手県や宮城県、熊本地震や球磨川水害から復興を目指す熊本県が「創造的復興」と呼ぶ諸政策も、復興という地域の悲願のための政策と位置付けられると思います。

このように見ると、「地域の悲願」という争点には、反対しづらいという特徴以外に、「地方自治体だけでは達成できず、国に働きかけをすることで達成が可能になるという側面がある」ことに気づきます。ここから、地域の悲願の達成のためには「国政与野党による対立」「地域間での対立」を棚上げにする必要があり、一致団結して国に働きかけなければならない環境を生み出す効果があると言えるのです。

過去、地域の悲願の達成を求める自治体で、中央省庁出身者を知事選の候補として担ぐ構図が生じた理由はここから導き出すことができます。公務員は政治的中立が求められる存在ですから、中央で対立している与野党が候補者として担ぐ神輿《みこし》としては最適な存在です。また中央省庁出身者であれば「中央とのパイプ」に期待できますし、それは選挙戦で有利に働きます。[8]

15・2 「地域の悲願」が達成されたあとに生じる地方政治の変化

ところで、「地域の悲願」が達成された後、地方選挙にどのような変化が起こるのでしょうか。ここを考えてみたいと思います。

まず指摘できるのが、地域の悲願の達成でインフラが整備された地域と、開発を後回しにされた地域との間に対立が発生し、それが選挙を通じて顕在化することです。地域の悲願は、言い換えれば、地域の対立を封印するお札のようなものです。達成されれば、棚上げされていた対立が表に出るのは必然です。

新幹線を例にとれば、開業効果が得られた地域と得られなかった地域（言い換えれば、「勝ち組」と「負け組」）の間で、今後の政治に何を期待するかの違いや、政治に対する考え方の違いが見られるようになります。開業効果が得られた地域では、有権者のインフラ整備への期待は急激に薄れ、保守系の有権者であっても「もうインフラは十分」という者が増えます。若者の中には整備された交通インフラを所与のものと捉える者も現れ、新幹線開業に尽力した政治家を「過去の人」と評価する者も現れます。開業に尽力したことを訴えても、意外に票に結びつかないこともざらになります。

一方、十分な開業効果が得られていない地域では「もう少しインフラ整備路線を続けてほしい」という雰囲気は維持されます。私のヒアリングの限りですが、「我々は後回しにされていたので、やっと我々の番」と考える人もいます。そのため、悲願達成後も公共事業を訴える候補者に票が集まる傾向は維持されます。

近年の保守分裂選挙を振り返ると、両者の対立が顕在化しています。現職候補が落選した九州新幹線開業後の鹿児島知事選挙（2020年）や北陸新幹線金沢開業後の富山県知事選挙（同）は顕著な事例かと思います。これらの選挙を調べてみてわかったことですが、双方とも、郡部など開業効果が十分得られなかった地域から現職候補は支持を得ました。しかし、開業効果がある県庁所在地などの新幹線新駅が開業したところで新人候補の後塵を拝しています。[9]

元国会議員2人と元金沢市長の三つ巴の選挙戦となった2022年石川県知事選挙でも似たような傾向が見られました。新幹線開業の恩恵を得られなかった能登地方で大きく得票したのは参議院議員を辞して立候補した山田修路候補でした。一方、開業効果で多大な恩恵を受けた金沢市内で、山田候補はあまり得票できませんでした。[10]

「地域の悲願」が達成された後、行財政改革や行政の透明化が自治体の選挙の重要争点に浮上することも見られるようになります。「公共事業はもういい」と公言できるようになるわけですから、当然の帰結かと思います。

私が住む仙台では、東北新幹線や東北自動車道の整備後にゼネコン汚職事件が発覚し、当時の宮城県知事と仙台市長が逮捕される事態が発生しました。そして、情報公開を金看板に掲げる浅野史郎県政が誕生しました。[11]

長野オリンピック終了後の長野県では、「脱ダム」を掲げた田中康夫県政が誕生しています。[12] 九州新幹線鹿児島中央—新八代間先行開業後の鹿児島県阿久根市において竹原信一市長が専決処分を濫発して問題視されたこと、[13] 北陸新幹線開業後の富山県高岡市において角田悠紀市政が誕生したこと、これらはポスト新幹線後の地方選挙を象徴した事象と言えるでしょう。[14]

ところで、勘のいい読者であれば、全国の地方議会で話題となった富山県内で相次いで発覚した政務活動費の不適切処理事件も、[15] 悲願が達成されたことと無縁でないことに気づくかと思います。当時、富山県の地元メディアが政務活動費の不適切処理の解明にエネルギーを注いだのは、北陸新幹線の開業によってそれまでおざなりとなっていた税金の使い道に焦点を当てるようになったことに加え、領収書の確認に人員を割けるようになったからでした。

　整備新幹線が五月雨式に開業しているということは、「地域の悲願は五月雨式に達成される」ということです。高速道路も徐々に延伸していくので同様と言えます。地域の悲願が徐々に達成されるため、それに伴う変化はどうしても見えにくくなります。ただ、それらを並べてみると、これまで述べてきたようなことが指摘できるのです。

【注】

1　調査は、2000年に金沢市民を対象に実施しました。調査結果を含めた考察は、次の論文にまとめられています。河村和徳（2013）「『我田引鉄』再考」『レヴァイアサン』第52号、43―63頁。

2　「大泉さん　まちづくり「全力」　函館市長選　当選証書付与　意気込み」『読売新聞（北海道版）』2023年4月25日。

3　2023年12月19日、秋元克広札幌市長は冬季オリンピック・パラリンピック競技大会の招致活動停止を表明し、札幌延伸前に冬季五輪が行われることはなくなりました。「情報収集　JOC力不足　札幌招致停止　IOCの心変わり「想定外」」『読売新聞』2023年12月20日。

4　森創一郎「北海道「並行在来線」貨物存続に立ちはだかる難題―費用と複雑な「支線」の扱いで議論紛糾の可能性」『東洋経済オンライン』https://toyokeizai.net/articles/-/689076（2024年2月13日閲覧）

5　たとえば、「四国新幹線「岡山ルート」　近畿ブロック会議　後藤田知事が言及」『読売新聞（徳島版）』2023年5月27日。

6　国土交通省「新幹線鉄道の整備　整備新幹線とは」https://www.mlit.go.jp/tetudo/shinkansen/shinkansen1.html（2023年11月5日閲覧）

7　これに関しては、私が第1章を担当した次の書籍を読んでみてください。日本スポーツ法学会［編集］（2023）『東京2020オリンピック・パラリンピックを巡る法的課題』成文堂。

8　かつて旧自治省出身の知事が多かったのは、戦前の官選知事の歴史や、彼らが地方自治に精通したためと指摘できます。なお、国政与野党が相乗りして特定の知事候補を推す選挙については、第13講を参照したり、次の文献を読んでみたりしてください。河村和徳（2008）『現代日本の地方選挙と住民意識』慶應義塾大学出版会。米岡秀眞（2021）『知事と政策変化―財政状況がもたらす変容』勁草書房。

9　河村和徳（2021）「2020年鹿児島県知事選挙と富山県知事選挙にみる共通性―「つくる知事」から「つかう知事」へ」『月刊選挙』2021年1月号、17―24頁。

10　「石川県知事選　馳氏が初当選　自民3分裂の乱戦制す「三つどもえの溝を修復」」『北陸中日新聞』2022年3月14日。

11　「県政再生　新知事への期待・宮城（1）／浄化の手順／不信感の根深さ直視　早急に改革具体案示せ／21日投票の出直し知

事選で前厚生省生活衛生局企画課長の浅野史郎氏（45）が初当選した。ゼネコンなどの汚職事件で」『河北新報』１９９３年11月23日。

12 「長野知事に田中康夫氏　「官主導」批判し大差、前副知事ら破る」『朝日新聞』２０００年10月16日。

13 平井一臣（２０１１）『首長の暴走─あくね問題の政治学』法律文化社。

14 関連して、次の文献を参照してみてください。ＮＨＫスペシャル取材班（２０２０）『地方議員は必要か─３万２千人の大アンケート』文春新書。

15 北日本新聞社編集局（２０１７）『民意と歩む─議会再生』北日本新聞社。

第16講　2023年統一地方選を振り返る

KEY POINTS

- コロナ禍の余波で組織戦が機能せず
- 子連れ選挙が話題になった背景に注目
- 無投票を機になり手不足解消を考えよう

第16講のねらい

２０２３年統一地方選は、半世紀以上の長い統一地方選の歴史の中でも特異な統一地方選だったと私は考えます。なぜなら、新型コロナ禍の影響で、講演会や支援団体などの組織が機能しづらい中での選挙だったからです。

そこで、第16講では、新型コロナ禍の影響を意識しながら２０２３年４月に実施された統一地方選を振り返り、そこで見られた特徴的な事象などを指摘したいと思います。

16・1　新型コロナ禍の影響が垣間見えた統一地方選

すでに述べたように、２０２３年統一地方選がこれまでの統一地方選と大きく異なっていたのは新型コロナの影響を受けていた点です。新型コロナは、組織力のあるベテラン候補者の選挙運動に大きな影を落としたことは間違いありません。

組織的な選挙運動の手法をよく見ると、３密（密閉・密集・密接）が至る所にあることに気づきます。例えば、支持固めに必要と言われる握手は密接のその最たるものです。握手の代わりにグー・タッチをする候補者が増えたのは記憶に新しいところです。

狭い会場に支持者を集める決起集会は密閉・密集を伴います。マスクをしたままでは大声を出す「ガンバロー・コール」を行うことは難しく、来賓を呼ぶのも憚《はばか》られました。そのため、コロナを理由に活動報告会や政治資金パーティなども自粛した政治家が数多く現れることになりました。

選挙カー内も3密の状態です。感染リスクが高く、候補者が感染してしまっては様にならないと、ウグイス嬢を車に乗せるのは止め、録音した音声を流したという動きもコロナ禍ではありました[1]。

新型コロナが選挙にもたらした影響は、組織戦の常套手段が使い[2]にくいというものばかりではありませんでした。

組織戦の視点から見た場合、有権者は、

①どんなことがあっても投票所に足を運び、組織が応援している候補者に投票してくれるコア層

②投票に行くかどうかはそのとき次第という浮動層

そして、

③頼まれたら組織が応援している候補者に投票してくれる層

の3つに分けられます。平時であれば、組織の中心を担う①のコア層が、③の有権者層に投票依頼をし、組織票を積み増すのが普通です。しかし、新型コロナの感染拡大によって、コア層の中心を担う高齢者が感染リスクを気にし、平時のような働きかけができませんでした。その結果、組織票の手応えがつかみづらくなりました。

そうなれば、組織に依存する「いつもの選挙」は行いがたくなります。統一地方選期間中に行われた練馬区議選では公明党の候補者が大量に落選するという珍しい事態が発生しました。「当選ラインを読み誤った」「投票率が若干アップした影響」と指摘する報道もありますが[3]、私個人としてはコロナ禍の影響で働きかけが十分機能せず、期待したほど票が伸びてこなかったことも一因だと考えます。

選挙に勝つために行うのが選挙運動ですが、それぞれの陣営は、「地上戦」（組織選挙）「空中戦」（辻立ちなどの無党派対策）そして「サイバー戦」（SNSなどによるネット選挙運動）のベストな解が何か、見直すべきだと思います。有権者がそれほど多くない議員選挙ならば特定の戦場だけに戦線を絞っても当選できるかもしれませんが、中長期的に見たら、どこにどれだけの資源を配分するか考えるべきです。

新型コロナウイルスの感染法上の位置付けが5類感染症に移行する直前[4]だった2023年統一地方選では、コロナによって地上戦だけでは厳しいことを認識した陣営の中には、付け焼き刃的に空中戦やサイバー戦に臨んだ陣営もありました。ただ、「付け焼き刃感」はすぐにわかります。たとえば、ある候補者は、国道のバイパス脇で辻立ちをしていました。車のスピードが街中に比べ速いバイパスで辻立ちをしても、名前と顔を売ることができません。辻立ちは、人が立ち止まりやすいところでするのが鉄則で、「あの人、また立っている」と認知を高めた方が効果的なのです。[5]

こうした不慣れな選挙運動を試みた陣営があった一方、比較的若い候補者の陣営はSNSを駆使し、握手をしなくとも集票できる運動を試みる陣営もありました。東京都北区議選において告示翌日に赤ちゃんを出産したのにもかかわらずトップ当選した維新公認の佐藤古都候補の陣営はその最たる例だと言えるでしょう。[6]

16・2　注目が集まった「子連れ選挙」

基本的に統一地方選は、全国共通の課題が広く共有され認識される場になる傾向があります。後述する保守分裂選挙や地方議員のなり手不足が全国争点化したのも、統一地方選を機にマスコミが報道し全国的に知られるようになったからです。2023年統一地方選挙で全国化した話題は、子育て世代の候補者が子どもを連れて選挙運動ができるのかという「子連れ選挙」でした。

2022年参院選後、東京都選挙管理委員会がホームページ内のQ&Aにおいて子連れ選挙に関する見解を書き加えました。これが子連れ選挙にマスメディアが注目する端緒となりました。

子連れ選挙が全国的な話題となった直接のきっかけは、東京新聞がそれを一面で扱ったからです。[7]そして、その記事を2022年11月9日の参議院政治倫理・選挙制度特別委員会の際、国民民主党の伊藤孝恵議員が質問[8]に使いました。それらを受け、多くのマスメディアが後追いをしていきます。加えて、総務省は令和5年（2023）3月1日付で事務連絡「候補者が自身のこどもを伴って行う活動について（年齢満18年未満の者の選挙運動の禁止）」[9]を出したことも、記事を増やす要因になりました。

日本は第1講で述べたように、普通選挙・平等選挙が達成された国だとみなすことができます。ただし、立候補にかかるコストを皆が支払えるかは別の話です。出産する可能性がある女性や子育て中の女性の中には立候補したくともできない者もいると言われます。

子連れ選挙が今回の統一地方選挙で話題になった直接的な背景には、政治分野における男女共同参画[10]が象徴される社会的な流れがあると思います。「こそだて選挙ハック！プロジェクト」[11]など、実際に立候補した経験を持つ女性らなどが組織を立ち上げて活動したことも影響しているでしょう。

ただ、政治学者として、私はそれ以外の理由もあると思っています。それは、「女性が選挙に勝ちだしたので、男性候補者たちが脅威を感じ始めている」という理由です。

古い組織選挙（男性を候補者として担ぐ、男性の、男性中心の選挙運動）が全盛で盤石な時代であれば、子どもを連れて選挙を行う女性候補の陣営は「選挙のイロハも知らない素人集団」と歯牙にもかけなかったでしょう。しかし、小池百合子都知事の誕生や都民ファーストの会の躍進によって女性候補が選挙に勝つようになり、男性中心の選挙をしている側に余裕がなくなっている可能性があります。女性の選挙運動を気にする風潮が生まれた結果、子連れ選挙における合法か非合法かの線引きが気になるようになったのかもしれません。

それに、インターネット選挙運動が解禁され、前出のように握手をしなくてもやり方次第で勝てる時代になったこと、更に少子化が重要争点と認識され子育てしていることが有利に働く選挙環境が出てきたことも、子連れ選挙に注目が集まった要因だと思います。

16・3　世代交代という視点

ところで、2023年統一地方選では維新が躍進する一方、立憲民主や共産といった老舗野党の退潮が見えた結果となりました。世論調査結果の中には、維新の方が立憲民主よりも支持率が高いというものも見られるようになりました。[12]

野党第一党をめぐるこうした動きをどのように考えたらよいのでしょうか。

私は、維新の躍進と立憲の退潮を陣取り合戦的な発想で考えてみるのも1つの手だと考えます（図表16-1）。1990年代末に民主党が結党して以降の日本の政党の対抗軸は、自公路線に対し、非自公・非共産勢力を結集した民主が対抗するという形だったと思います。ただ、しばしば見落とされているのは、当時の民主は、自民党的な「年功序列」「縁故主義」的なスタイルに反発する層からの支持も得ていました。

しかしながら、当時からすでに四半世紀が経過しています。1990年代末では中堅・若手の政治家であった民主の論客たちもすでに還暦を迎える世代となり、世代交代を求める子育て世代の有権者の共感が得られにくい環境が生じています。一方、維新は創

2000年代初頭

	非自公	親自公
60代以上	民主	自公
30〜50代	民主	自公

現在

	非自公	親自公
60代以上	立憲	自公
30〜50代	維新	自公

図表 16-1　維新の躍進と立憲の退潮を考える模式図　出典：筆者作成

業者の橋下徹、松井一郎が引退し、代替わりを果たしました。そして共同代表の吉村洋文大阪府知事に象徴されるように党役職に多くの子育て世代が名を連ねています。[13]

前述したように、2023年統一地方選は、世代交代や改革を求める「子育て世代」を押さえることが1つのポイントだったように思います。党幹部や地方議員の世代交代がなかなか進まない立憲民主や支持者の高齢化が顕著な共産は正念場にあるように思います。[14]

ところで、小選挙区制導入以降、自民党代議士同士の主導権争いが鳴りを潜めたこともあり、保守分裂選挙は起きにくくなっていました。しかし、前回2019年統一地方選に続き今回でも、知事選が保守分裂となる選挙が見受けられ

ました。国に陳情することで対立を棚上げする環境が失われ自治体内の格差是正が首長選の対立軸となっていることや、自民党支部内の改革に対する世代間対立も保守分裂の要因となっているようです。[15]知事選では奈良県知事選や徳島県知事選で、市区長選では東京都北区長選や江東区長選[16]などで保守分裂となりました。なお、徳島県知事選や東京都北区長選、江東区長選は自民系の若い候補者が勝利を収めています。世代交代という視座は、保守分裂選挙を考える上でも有効なようです。

項目	市区議		町村議	
地方議会議員の位置づけの明確化	36.8%	3	44.9%	2
議決事件に係る政令基準の廃止	4.5%		6.0%	
兼業禁止の緩和	18.9%		32.5%	4
休暇・休職・復職制度の整備	10.8%		6.3%	
手当制度の拡充	25.7%		33.5%	3
議会費に係る財政措置の拡充	21.3%		25.2%	
保育スペースやバリアフリー化等の整備	37.6%	2	28.0%	
主権者教育の推進	36.2%	4	21.4%	
被選挙権の引き下げ	4.4%		4.1%	
補欠選挙の改正	2.3%		2.7%	
統一地方選挙の再統一	14.4%		14.0%	
政治献金に係る寄付金控除の対象への追加	5.6%		6.1%	
厚生年金への地方議会議員の加入	53.7%	1	49.3%	1

図表 16-２　市区町村議アンケート結果にみる市区町村議が重視する諸改革（複数回答）
出典：筆者作成

16・4　無投票やなり手不足の解消は？

２０２３年統一地方選でも、無投票や地方議員のなり手不足の記事がマスコミを賑わせました。大分市長選が72年ぶりに無投票になったことや東京23区の区長選が29年ぶりに無投票になったことも驚きでしたが、私にとってもっとも衝撃的であったのは、定数18の長野県岡谷市議選が定数割れ無投票になったことでした。岡谷市には選挙公営に係る条例がないなどの背景もあったようですが[17]、町村に比べて報酬が高い市議の選挙であっても定数割れが生じたことで、議員報酬だけがなり手不足の要因ではないことがより明らかとなりました。

地方議員のなり手不足の背景は、総務省「地方議会・議員のあり方に関する研究会」の報告書[18]にあるように複雑で、一議会の努力で一朝一夕に解決する問題はありません。全国市区議意識調査、町村議意識調査の結果によれば、地方議会改革の中で優先すべき項目[19]として回答者からもっとも多い回答を集めたのが「厚生年金への地方議会議員の加入」でした（図表16-2）。項目の中には手がつけられたものもありますが、市区町村議員が重視する厚生年金への加入や手当制度などの拡充は議論の俎上にあるとは言い難い状況にあります。

地方議員に対する待遇改善はなり手不足対策としては効果的と思われます。ただ、待遇改善は財源問題と密接に結びつくため国をどう巻き込むか、考えながら進める必要性があると思います[20]。

近年、地方議員のなり手不足に関しては、内閣府[21]やNHK[22]がアンケート調査等を行っており、検討材料が増えつつあります。私が実施した調査結果なども、なり手不足を考える上で有効なデータと言えます（図表16-3）。

立候補のきっかけ（複数回答、数値は該当するものの比率）	市区議		町村議	
	男性	女性	男性	女性
家族・親戚が政治家で、家庭内で政治にふれた	13.8%	13.3%	14.2%	16.7%
学生時代に法学・政治学を勉強した	7.1%	4.4%	3.6%	1.4%
議員秘書を経験した	7.0%	2.8%	1.4%	2.8%
政党・政治団体といった政治組織から立候補の依頼があった	19.8%	47.6%	6.4%	13.9%
労働組合や業界団体などの団体から立候補の依頼があった	8.5%	4.6%	1.7%	1.4%
自治会や町内会など地縁組織から立候補の依頼があった	27.5%	8.4%	35.4%	9.7%
国会議員や地方議員、首長などの政治家個人から立候補の依頼があった	12.2%	12.8%	10.6%	8.3%
友人・知人から立候補の依頼があった	32.1%	26.0%	48.6%	48.6%
選挙運動を手伝った	27.0%	25.9%	22.4%	23.6%
政治団体や議員事務所などでインターンを経験した	1.7%	1.3%	0.9%	0.0%
政治家などが主催する政治塾に参加した	4.5%	6.5%	2.8%	0.0%
学生時代に政治運動・活動を行った	5.6%	8.1%	2.2%	4.2%
実現したい政策を形にするには議員になる必要性があると感じた	48.8%	50.0%	52.3%	61.1%
議員の不祥事などの政治に立腹した	7.5%	5.7%	9.2%	13.9%
待遇が魅力的に見えた	1.3%	0.7%	0.9%	2.8%
「先生」と呼ばれるなど、地位が魅力的に見えた	0.4%	0.0%	0.2%	0.0%

図表 16-3　市区町村議に対する意識調査の結果にみる立候補のきっかけ
出典：筆者作成

地方議会・議員の位置付けが地方自治法第89条に書き込まれたいま、地方議会・議員のあるべき姿や議会に係る仕組みなどを見直す好機だと個人的に思います。

【注】

1 「北九州市議選あす告示 コロナ下の選挙戦 苦心 選挙カー呼びかけ 録音で」『読売新聞（西部夕刊）』２０２１年１月21日。

2 現金がいくらあるか尋ねるいわゆる「アポ電」強盗が増えた結果、③の有権者に対する電話依頼も困難になったようです。

3 「公明党が練馬区議選で異例の４人落選・・・当選ライン読み誤り、定評の「票の割り振り」失敗か」『読売新聞オンライン』２０２３年４月24日。https://www.yomiuri.co.jp/election/local/20230424-OYT1T50257/（２０２３年7月13日閲覧）

4 「コロナの先へ ３年４か月 我慢と模索」『読売新聞』２０２３年5月1日。

5 辻立ち中にマスクをするべきか、それとも外すべきか悩む陣営もあったようです。「統一選 街頭活動 マスクが悩み」『読売新聞（東京版）』２０２３年４月８日。

6 「妊娠中に立候補、「声届ける」 第一声の翌朝に陣痛、トップ当選 東京・北区議選」『朝日新聞（夕刊）』２０２３年４月24日。なお、尾野嘉邦《おのよしくに》早稲田大学教授の研究などによれば、高齢の有権者は、実は若い候補者に投票したがる傾向にあるそうです。佐藤候補の当選は、そうした高齢層の傾向も反映している可能性があります。「シルバー民主主義は本当？ 実験で見えた高齢者の意外な投票行動」『朝日新聞』２０２３年４月８日。

7 「子どもを連れての選挙運動はＯＫです 公選法１３７条で政治参加ためらわないで 統一地方選に向け支援の動き」『東京新聞』２０２２年10月16日。

8 「街宣車で授乳、子どもと万歳・・・子連れ選挙の手引き総務省が作成検討」『東京新聞（オンライン）』２０２２年11月9日。

9 東京都選挙管理委員会「候補者が自身のこどもを伴って行う活動について（年齢満18年未満の者の選挙運動の禁止）」https://www.soumu.go.jp/main_content/000865536.pdf（２０２３年４月19日閲覧）

10 政治分野における男女共同参画については内閣府のホームページを参照してください。内閣府「政治分野における男女共同参画」https://www.gender.go.jp/policy/seijibunya/index.html（２０２４年2月17日閲覧）

11 「こそだて選挙ハック！プロジェクト on Strikingly」https://kosodatesenkyo.mystrikingly.com/（２０２４年2月17日閲覧）

12 たとえば、「野党第1党にふさわしいのは「維新」47％ 毎日新聞世論調査」『毎日新聞』２０２３年5月22日。

13 日本維新の会ホームページ「Members 役員・議員・支部長」https://o-ishin.jp/member/（２０２３年7月13日閲覧）

14 関連して、２０２４年1月18日、共産党は志位和夫委員長が退任し、23年ぶりに委員長が交代することを決めています。「共産党：共産、志位委員長退任 後任田村氏、23年ぶり交代」『毎日新聞』２０２４年１月19日。
15　関連して、第15講や第17講を参照。統一地方選以外の知事選の保守分裂選挙については、たとえば次の文献を参照してみてください。河村和徳（２０２１）「２０２０年鹿児島県知事選挙と富山県知事選挙にみる共通性―「つくる知事」から「つかう知事」へ」『月刊選挙』２０２１年１月号、17―24頁。
16　江東区長選は、山崎孝明区長の死去に伴い任期満了選挙ではなくなったため、統一地方選の対象から外れています。なお、この選挙で当選した木村弥生江東区長は公職選挙法違反容疑等で辞職し、２０２３年12月10日に出直し区長選挙が行われました。「選挙：江東区長選　大久保氏「区民最優先」　初当選」『毎日新聞（東京版）』２０２３年12月12日。
17　「25市長が無投票当選　後半戦スタート　統一地方選」『朝日新聞（夕刊）』２０２３年４月17日。
18　総務省地方議会・議員のあり方に関する研究会「報告書」https://www.soumu.go.jp/main_sosiki/kenkyu/chihogikai_giin/index.html（２０２３年７月13日閲覧）
19　項目のうち、重視する項目を最大４つまで○をつける多重回答形式で質問をしています。
20　関連して、全国町村議会議長会町村議会議員のなり手不足対策検討会の議論を参照。「報告書」https://www.nactva.gr.jp/html/research/countermeasure.html（２０２４年４月11日閲覧）
21　内閣府「令和２年度　女性の政治参画への障壁等に関する調査研究（令和３年３月）」https://www.gender.go.jp/research/kenkyu/pdf/seijisankaku_research_r02.pdf（２０２３年７月13日閲覧）
22　ＮＨＫスペシャル取材班（２０２０）『地方議員は必要か　3万2千人の大アンケート』文春新書。

第三部

地方議会にかかわるトリビア

第17講　地方に政党政治はそぐわない!?

KEY POINTS

- 地方では中央の政党対決を脇に置く
- 政党は地方選で重視されない
- 中央との選挙制度の違いがカギ

第17講のねらい

現代の選挙民主主義を支える重要な組織として「政党」があります。政党は、「政治に対する理念や政策に共通点を持つ者が集まり、政権を担当したり政策決定に影響を与えたりすることで、訴えたい理念や政策の実現を図る集団・組織」と言えるかと思います。[1] しかしながら、日本には「地方に政党政治はそぐわない」という主張が存在します。[2]

イギリスの政治家であり歴史学者でもあるジェームズ・ブライス（1838～1922）は、その著書の中で「地方自治は民主主義の最良の学校であり、その成功の最良の保証人である」と言いました。[3] 政治の現場に自ら参加することによって住民は政治の仕組みや機能を学ぶことができ、また地域の課題について考え、それに対する提案や議論を行うことによって民主主義の意義を理解していける。こうした意味がこの言葉には込められていると言えるでしょう。[4]

もし現代の選挙民主主義において政党が大事な役割を果たしているのであれば、地方政治でも政党は重要な役割を担うと考えるのが普通です。どうして、日本では「地方に政党政治はそぐわない」という意見があるのでしょうか。

第17講では、日本の地方政治と政党の関係について、私が実施した意識調査を基に考えてみたいと思います。

17・1　地方に中央の対立構図を持ち込むな？

「地方に政党政治はそぐわない」という言葉をそのままとらえれば、「地方政治に政党は不要」となります。しかしながら、政党が不要と思われていないことは、全国の地方議会の会派名を見れば容易にわかります。政党名を会派名に冠している会派は非常に多いと思います。政党の掲げる理念や政治思想が会派を形成する際の求心力となっているため、政党を冠した会派名になりやすいのです。

民主主義の下では、多様な有権者の声を集約し、多数の意思を尊重した意思決定を行うことが求められます。そして、民主制下における政党には、世の中にある数多くの有権者の利益を集約し、議会等においてそれを表出することが期待されています。政党の持つこうした「利益集約機能」「利益表出機能」は民主主義を支える大事な機能と考えられています[5]し、現代の民主主義社会では、政党が存在しない民主主義は考えられないのです。

それなら日本における「地方に政党政治はそぐわない」という意見は、何を意味しているのでしょうか。おそらく政党政治を否定する意味ではなく、「中央の政党対決を地方に持ち込むべきではない」という意味が込められているのだと思います。

「中央の政治対決を地方に持ち込むべきではない」と考えている有権者や議員はどのぐらいいるのでしょうか。私は研究プロジェクトの一環として、２０２０年年末に有権者１２００人を対象としたＮＯＳ住民意識調査（２０２０年12月実施）を、そして２０２２年２～４月に全市区議意識調査ならびに町村議意識調査を行っていますので、その結果を見てみることにしましょう。

図表17-1は、有権者に「中央の政治対決を地方に持ち込むべきではない」という意見に同意するか否かを聞いた結果です。**図表17-2**は、市区町村議のその問いに対する回答結果です。図表は、わかりやすいように市区と町村に分けて集計しています。

政党対決を持ち込むべきではないという意見に同意した有権者の比率（ここでは「同意」と「どちらかといえば同意」を合わせた比率を指します）は、

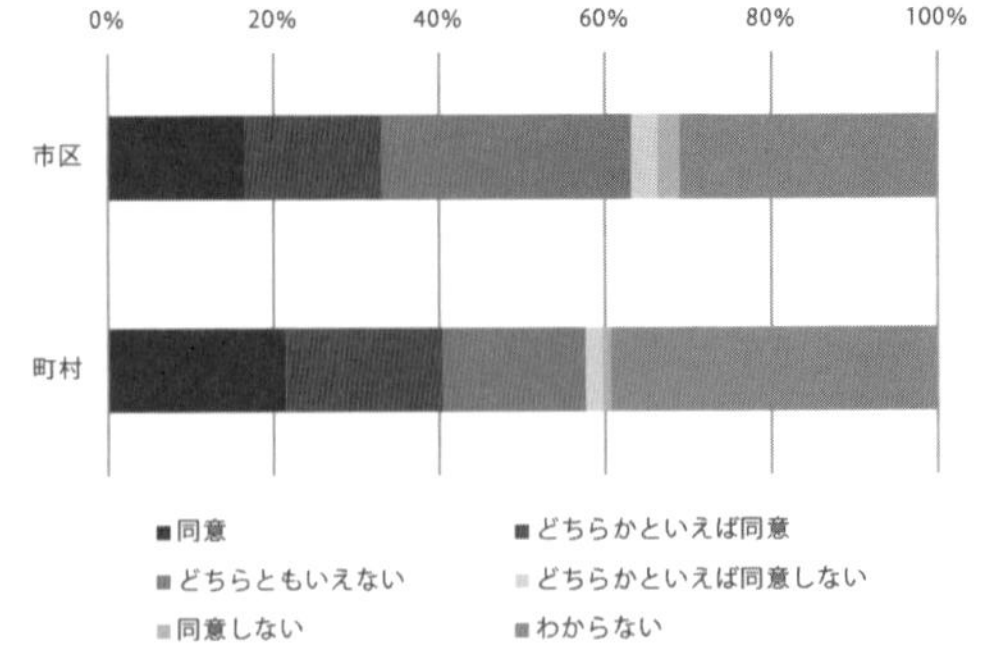

図表 17-1　「地方に中央の政治的対決を持ち込むべきではない」という意見に同意するか（有権者）

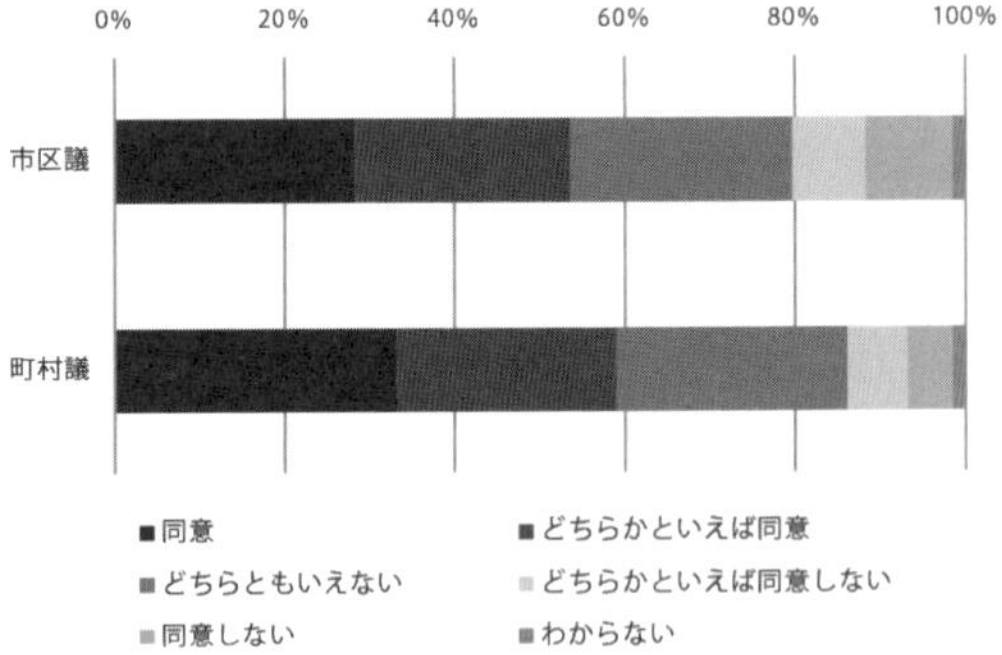

図表 17-2　「地方に中央の政治的対決を持ち込むべきではない」という意見に同意するか（市区町村議）
出典：ともに筆者作成

町村の有権者では40%、市区の有権者では33%という値です。一方、市区町村議の回答結果をみてみると、その意見に同意する者の比率は町村議では59%、市区議でも54%と過半数を占めています。議員の方が政党対決を地方に持ち込まれたくないと考えていると言えます。

有権者と議員の間で見られる差はどのように解釈したらよいのでしょう。これを考える上で1つの鍵となるのが、「わからない」という回答です。「わからない」という回答は有権者では圧倒的に多いことに気づきます。一方、「わからない」と回答した市区町村議はほとんどいません。日本の中央地方関係は、地方分権が進められたとはいえ、財政的に国や都道府県に依存する状況は残っています。中央の与野党を棚上げし、新幹線や高速道路などの重要インフラの整備など、地域発展を優先する場を地方議員が何度か経験していることが、回答の差になって表れたと思われます。[6]

なお、首長選挙に立候補した無所属候補は、しばしば自身を「県民党」「市民党」と位置付けたりします。幅広い支持を得られるようにと、「県民党」「市民党」という言葉を用いていることは明らかですが、その言葉の背後には「中央の対決を地方に持ち込むことは得策ではない」「中央の政党対決は脇に置いて、地域の発展に一致団結することが肝要」という発想が隠れていると考えるべきでしょう。

17・2 首長選挙で与野党対立は棚上げ?

中央の与野党の対立を棚上げする風景は、首長選挙でもしばしば見かけると思います。1人の無所属候補が国政の与野党双方から推薦・支持をもらって立候補する、いわゆる「与野党相乗り選挙」です。

日本における地方選挙の歴史を振り返ると、与野党相乗り候補に対する政党の支援枠組みは、地域の事情がそれぞれあることもあってさまざまです。中には、自民党系の勢力と共産党系の勢力の双方から支援を受けた候補が当選したという事例もありますし、初当選時は国政野党統一候補だったのに、次の選挙では国政野党系の勢力と決別して自民系から支援を取り付けて再選をはたしたという事例も聞いたことがあるでしょう。地方の選挙も政党対立が基本と考えている海外の研究者には、国政で対立している政党が地方で手を結んでいる日本の首長選挙の風景は奇異に映ったりもします[7]。

与野党相乗り選挙が成り立つ根底には、「中央の政党対決を棚上げにして地域のために」という発想があるのは間違いないと思います。ただ、実際のところ、有権者及び議員は与野党相乗り選挙についてどう思っているのでしょうか。

私は、前出の有権者と地方議員で実施した調査で「『国政で対立している政党が、知事選挙で相乗りして同じ候補者に推薦を出すべきではない』という意見に同意するか」という質問をしてみました。**図表17-3**は有権者に対する回答結果を、**図表17-4**は市区町村議に対する回答結果を図示したものです。与野党相乗りはよくないという意見に同意する回答の比率(ここでも「同意」と「どちらかといえば同意」を合わせた比率を指します)は、それぞれ40%に届いていません。ここから、積極的に賛成しているわけではないことがわかります。

ただ、同意しない比率もそれほど多くはなく、「どちらともいえない」「わからない」と答えた者がきわめて多い点は押さえておく必要があります。総合すると、与野党相乗り選挙に否定的な声は一定数程度はあるけれども、積極的にそれを否定する者はあまり多くはないと言ってよいかと思います。

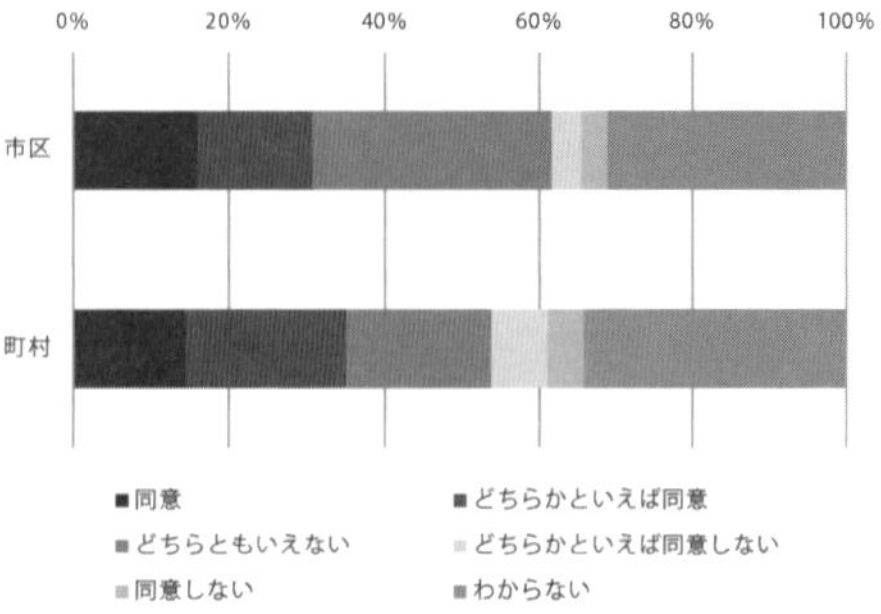

図表 17- 3 「国政で対立している政党が、知事選挙で相乗りして同じ候補者に推薦を出すべきではない」という意見に同意するか（有権者）

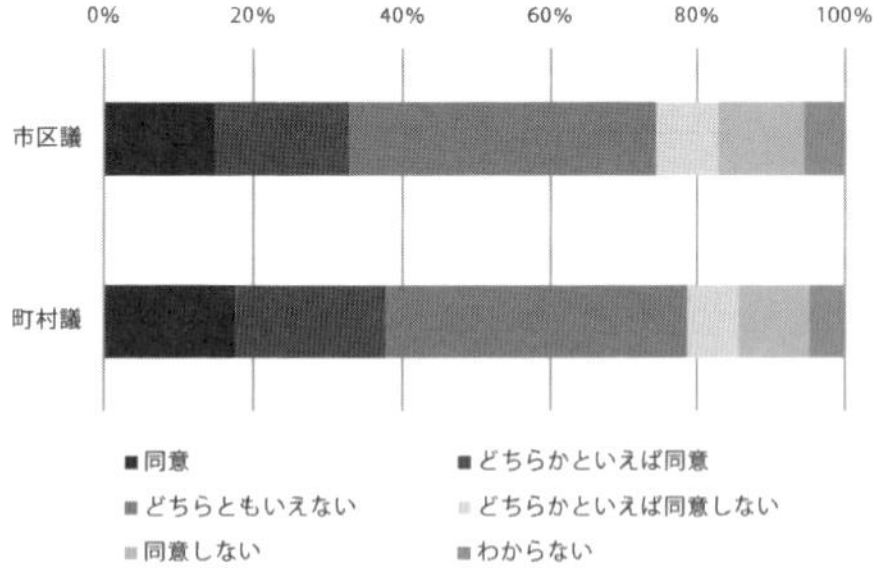

図表 17- 4 「国政で対立している政党が、知事選挙で相乗りして同じ候補者に推薦を出すべきではない」という意見に同意するか（市区町村議）
出典：ともに筆者作成

国政与野党が地方で手を結ぶのは望ましいとは言えないけど、「必要悪」と捉えられているのかもしれません。

17・3　選挙制度が地方議会の政党化を阻んでいる

近年、住民から高い支持を受ける首長の中には、議会の多数派の獲得を目指し、政治団体（いわゆる地域政党）を立ち上げる者もいます。都民ファーストの会や大阪維新の会、減税日本が政治団体の代表例だと思います。その首長新党も、2021年衆院選で国政政党である日本維新の会が躍進し、2022年参院選では国政政党としてファーストの会を立ち上げた都民ファーストの会が公認候補者を東京で擁立したりと、首長新党は新たなステージに入りつつあると言えそうです。[8] 日本では一般的に、「都道府県議会や政令市議会、中核市議会では政党化が進んでおり、一方、人口が少ない町村議会で政党化は進んでいない」と言われます。首長新党の国政進出の動きを受け、地方議会の政党化傾向、言い換えると地方議員が特定の政党の候補として立候補する傾向は強まっていく可能性があるかもしれません。

私個人としては、地方議会の急速な政党化は進まないと思っています。なぜなら、これまで見てきたように人々の意識の中に、中央の政党対決を地方に持ち込まれることを嫌う雰囲気が少なからずあるからです。ただ、私がそう考える理由はそれ以外にもあります。日本の地方選挙制度が地方議会の政党化の動きを抑止する側面があるからです。

日本の地方議員選挙では、大選挙区制（より正確には、単記非移譲式投票（SNTV：single non-transferable vote））方式を採用しています。有権者は数多くいる候補者の中から1人を選んで投票し、得票の多い順に当選者が決まるというのが、この投票方式の特徴です。日本の市区町村議会選挙では当選人の数が多く、その数はよく知られている政党の数よりも多いのが普通です。そのため、同じ政党から複数の候補者が立候補することもざらに起こりますし、保守系では政党が得票を予測して調整するいわゆる「票割り」が行われないこともしばしばです。そのため、大選挙区制では、「どの政党から立候補しているか」は有権者が投票先を決める際の決定的な「ラベル」となりにくいと言えます。党籍をアピールするよりも、無所属で届出をして、地縁のある地域や縁のある組織・団体を軸に選挙運動を進めた方が得策なのが日本の地方議員選挙制度なのです[9]。

実は、地方議員選挙では有権者が「政党」を重視しないで投票することがわかっています。それは、私が代表を務めた研究プロジェクトの一環で2020年に行った福島県民意識調査の結果からも指摘できます。**図表17-5**は、各選挙において投票先を決める際に重視するものは何か聞いた結果ですが、ここから、国会議員選挙の投票にあたっては「立候補した政党」を最も重視すると回答した者が多い一方で、市町村議選で政党を重視する者が10%強に過ぎないことがわかります。

1990年代の政治改革では、「カネのかかる選挙はやめよう」ということで、国政選挙が政党中心の選挙になるよう政党助成法の整備などが進みました。衆議院議員選挙の仕組みは中選挙区制から小選挙区比例代表並立制に変更されました。ただ、国政選挙は政党中心の選挙環境になるよう改革されたのにもかかわらず、地方の選挙の改革は行われませんでした。その結果、国政選挙と地方選挙の間に制度的乖離が生まれていますし、中選挙区時代に見られた自民党国会議員と地方議員の間の選挙互助関係で

	地方議員		首長		国会議員	
	市町村議	県議	市町村長	知事	衆議院議員	参議院議員
立候補した政党	11.5	13.8	6.0	7.1	31.8	31.7
候補者の特性・資質	15.8	16.7	22.2	27.7	13.8	13.1
候補者が訴える政策	28.4	28.8	34.9	38.8	27.6	28.1
知人の薦め	8.6	6.2	6.0	3.3	5.2	5.5
町内会や組織の推薦	5.7	4.8	3.8	3.1	3.3	3.8
候補者の経歴	2.9	3.6	3.3	2.6	1.9	1.9
地元への貢献	27.2	26.2	23.7	17.5	16.4	16.0

図表 17-5　それぞれの選挙で最も重要視する項目（福島県民意識調査）　出典：筆者作成

ある「系列」は消えつつあります。

　2022年参院選では、地方議員選挙ではなり手不足が騒がれている一方で、諸派が乱立する状況が生まれました。候補者個人が自らの選挙資源で競争する地方選挙ではなり手不足が深刻で、政党中心で戦う国政選挙では多くの立候補者が出るという状況は、1990年代の政治改革が非常に視野の狭い改革であったことを示すものだと個人的に思っています。

【注】

1　政党を明確に定めた法律（政党法）がある国もあります。

2　河村和徳（2008）『現代日本の地方選挙と住民意識』慶應義塾大学出版会。

3　ブライス［著］（松山武［譯］）（1929）『近代民主政治　第一巻』岩波文庫。

4　地方議会が主権者教育の担い手になるべき理由もここにあるかと思います。関連して第23講を参照。

5　このほかにも、政党は、次代の政治家を擁立・育成する「リクルート機能」、政治的意思決定の過程を有権者と対話する「コミュニケーション機能」も有しています。政党の機能については、専門的になりますが、次の文献などを参照してみてください。川人貞史・吉野孝・平野浩・加藤淳子（2011）『現代の政党と選挙〈新版〉』有斐閣。待鳥聡史《まちどりさとし》（2015）『政党システムと政党組織』東京大学出版会。

6　ただ、「党本部が地方にあれこれと口出しすることは望ましくない」と思っている議員・党員が一定数程度はいるため、という解釈も成り立ちます。

7　自民、共産双方から推薦を受けた候補者がいることを紹介して、「ありえない」と言われたこともあります。

8　とりわけ、維新の会は、党の看板が交代した点で首長のカリスマに依存した政党から脱却する過程にあると言えます。

9　当選者の数（いわゆる定数）が少なければ少ないほど、立候補者数が少なくなり、政党内で候補者が競合する状況が減ります。その結果、政党が投票先を決める上での重要性が増すことになります。首長新党の勢力拡大が急速に進んだのは、都府議選や政令市選が全自治体一区の大選挙区制ではなく定数が数名の中選挙区で行われていることが影響しているため、と考えられます。

第18講　定数削減となり手不足の微妙な関係

KEY POINTS

- 議会のあり方に深くかかわる定数問題
- 定数削減でより選挙にお金がかかる事態に
- 定数削減でなり手不足は解消できるのか

第18講のねらい

民主主義体制の下では、可能な限り、主権者たる有権者の意向が政治的意思決定に反映されることが求められます。

住民が数十人しかいない集落なら、全員参加で集落の将来についての意思決定は可能かと思います。しかし、住民が千人もいれば、すべての者の意向を逐一確認することは不可能でしょう。ライフスタイルが多様化している現代社会では、日々の意思決定のために住民すべてが集合することは、ほぼ不可能と言えます。多くの民主主義国が、有権者の代表を送り込む議会を準備し、選挙によって代表を選ぶ代議制を採用しているのはそのためと言えます。

議員は主権者たる有権者の代理人であり、議会は住民を映す鑑《かがみ》であるならば、議会の定数はできる限り多い方が望ましいと言えます。なぜなら、議会はできる限り有権者の意向を反映した縮図になるべきだからです。議員の数が減れば減るほど、少数の住民の意見は議会で反映されにくくなってしまいます。

ただその一方で、意思決定機関である議会は会議体として成り立っている必要もあります。「平成の大合併」直後、人口が10万人に満たないのにもかかわらず、合併特例によって議員定数が何十人もいる、いわゆる「マンモス議会」が、全国のあちらこちらで誕生しました。「合併直後の多様な住民意思を拾う」という意義はありましたが、マンモス議会は会議体として機能しているとは言い難いものでした。そのため、マンモス議会の中には、住民の反発を受け自主解散に追い込まれたりするところもありました[1]。

総務省「地方議会・議員のあり方に関する研究会[2]」など、総務省に設けられた地方議会に係る研究会を振り返ると、地方議会の議員定数は地方議会のあり方と深く結びついていることに気づきます。地方議会の定数は、当選者の数ですから選挙とも密接に関わる重要なテーマと言えます。

第18講では、地方議会の定数削減について、近年話題となっている地方議員のなり手不足[3]との関連性を意識しながら考えてみたいと思います。

18・1 定数削減すれば競争率は上がる

第17講でも述べましたが、日本の地方議員の選挙制度は「数多くの候補者から有権者が1人を選んで投票し、得票の多い順に当選者が決まる」という仕組みです。

理論的に考えれば、この選挙制度の下では、当選者の数（すなわち議員定数）が多ければ多いほど、当選確率は上がることになります。当選ラインが下がるからです。また当選者の数が多ければ多いほど、有権者が棄権する可能性も低くなります。なぜなら、多くの候補者が立候補することに伴い、「受け皿がない」と棄権する有権者が減ることが予想されるからです。

冒頭に述べたように、住民の声をできる限り拾い、「地方議会は『住民の意見の縮図』としてあるべきだ」と考えるなら、議員定数を減らさない方がよいのです。

もう少し考えてみましょう。議員の定数を減らせば減らすほど当選するために必要な票は増えます。定数削減をすると瞬間的に競争率が上がる現象がしばしば見られますが、それは当選ラインが変化することで選挙結果が予測しづらくなり、「当選できるかも」と選挙に参入する新人が増えるからだと考えられます。

ただ、次の点も押さえておかなければなりません。それは、当選ラインが上がったことで、「自分の組織票・地域票では当選がおぼつかない」と引退してしまう議員もいるという点です。なり手不足克服を意識して定数削減をしたのに、かえって立候補者を減らしてしまう可能性もあるのです。

また、当選ラインが上がるということは、これまで以上に競争が厳しくなるということでもあります。当選するためには、これまで以上に支持拡大に力を入れなければならないということであり、それは、選挙に勝つため、より選挙運動に人手やお金をかけなければならなくなるということと同義です。第1講で、「日本の選挙には「カネのかからない選挙が望ましい」という哲学があると述べました。定数削減は、実は、選挙運動によりカネを投入せざるをえない環境をつくっている点を見落としてはならないのです。

地方議員のなり手不足が深刻な議会の中には、「議員のなり手がいない、だから定数を減らそう」というロジックで定数を削減しているところもあるやに聞きます。しかし、そこで示されたロジックは、短絡的と言わざるを得ないのです。

18・2 「議員が多すぎる」と思うのは高齢者

しかしながら、多くの市町村議会が議員定数の維持に苦慮しているのも事実です。議員が定数維持を望んでも、有権者から議員定数削減を求める圧力がかかっているからです。「今の地方議会の議員は多すぎる。もっと減らした方がいい」という声が全国的にあることを、多くの人が肌で感じているかと思います。

ここで1つ気になる点があります。それは、「どのくらいの人たちが地方議会の定数を減らした方がよいと考えているか」という点です。「議員は多すぎる」という声を耳にするわりには、それを数値的に示したものはあまり見かけません。第17講で紹介したNOS住民意識調査（2020年12月実施）で、私は「地方議員の人数は多すぎるのでもっと減らした方がよい」という意見に同意するか、という質問をしてみました。ここで、その回答結果を見てみることにしましょう。

図表18-1が、その結果です。「地方議員の人数は多すぎるのでもっと減らした方がよい」という問いに「同意」と回答した人は24・8％、「どちらかといえば同意」と回答した人は18・6％です。合わ

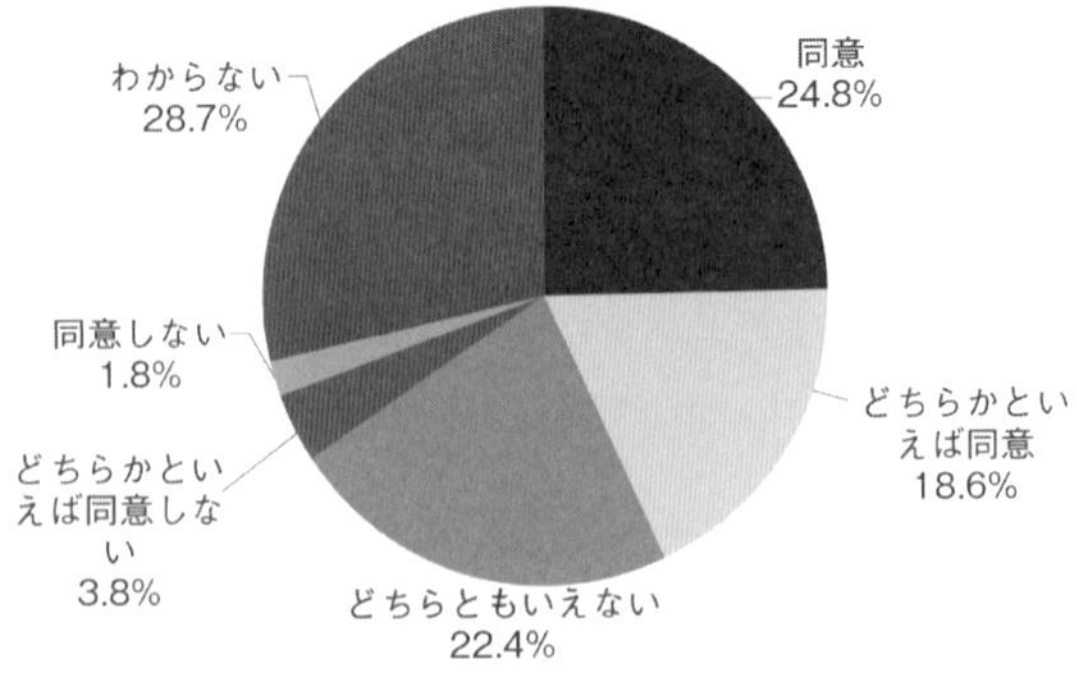

図表18-1 「地方議員の人数は多すぎるのでもっと減らした方がよい」という意見に同意するか

出典：筆者作成

せると43・4%の人が多すぎると思っているという結果でした。この質問は「あなたの住んでいる市区町村の」と限定されておりませんので、都道府県議会を含めた地方議会全体をイメージした回答となります。解釈には注意が必要ですが、「地方議会の議員定数は多い」というイメージが多数の有権者の頭の中に形成されていると言えるでしょう。

それでは、地方議会の議員定数が多すぎると思っている人々はどのような人たちなのでしょう。おそらく多くの日本人は、都市部の子育て世代を想像するのではないでしょうか。理由は、政治の世界は年功序列で高齢男性が主流であり、政治との接点も少なく、「しがらみのない政治」というキーワードに反応しやすい彼ら／彼女らは「高齢議員は不要」と思っている、そんなところではないでしょうか。

それでは、「地方議員は多すぎる」という問いと、「回答者が居住している自治体の規模」「回答者の年代」の間でクロス集計した結果を見てみましょう。その結果が、**図表18-2**および**図表18-3**になります。

図表18-2を見ると、居住している自治体の規模と「議員は多すぎる」という問いとの間に有意な差がないことが確認できます。自治体の規模にかかわらず、回答者の4割前後は地方議員は多すぎる（同意、どちらかといえば同意の合計）と回答しています。

年代別ではどうでしょうか。「地方議員は多すぎると思っているのは子育て世代ではないか」という予想はどうやら間違いのようです。**図表18-3**から読み取れるのは、高齢になればなるほど地方議員は多すぎると思っている人の比率が高くなるということです。なお、30歳未満は「わからない」が4割以上、30歳以上50歳未満も34・2%が「わからない」と答えています。

以上の結果から、「地方議員の定数を減らすことに敏感に反応するのは、実は高齢の有権者」という結果が導き出せます。また、政治と距離がある若い有権者は「議員定数」という政治争点の理解が十分ではなく、むしろ議員定数のあり方をきちんと説明し、理解してもらわなければならない状況にあると言えます。

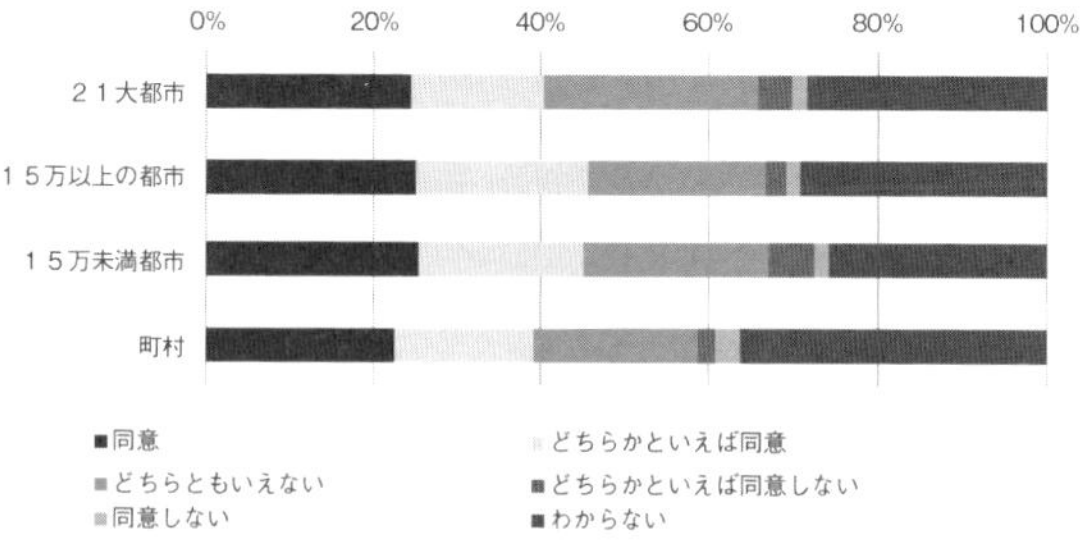

図表 18- 2　回答者が居住している自治体の規模とのクロス集計結果　出典：筆者作成

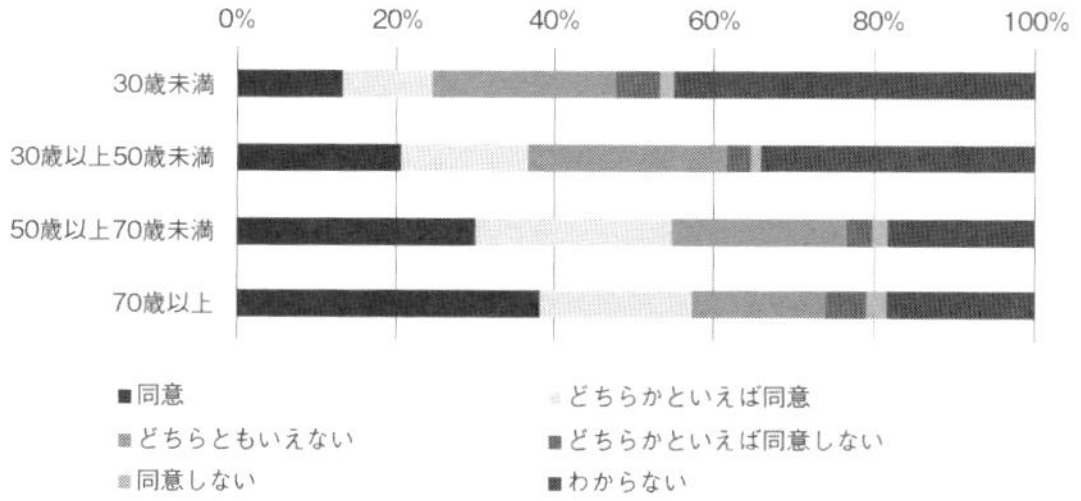

図表 18- 3　回答者の年代とのクロス集計結果
出典：筆者作成

18・3　五月雨式の定数削減路線からの脱却を

読者の多くが知っていることでしょうが、もともと地方議員の定数は地方自治法に明記されていました（法定数）。しかし、地方分権の議論が進む過程で、とくに事情がある場合は減員条例を制定することができるようになりました。そして、現在では法定上限数が撤廃されています。

私は「平成の大合併」が終わった頃、議員定数の規程要因について統計的に分析を行ってみました。その分析結果によると、自治体内の地域（昭和の大合併や平成の大合併以前の旧自治体や小中学校区など、大字なども該当します）の数が多い自治体は議員定数をそれほど減らさず、地域数が少ない地域は思い切った削減を行う傾向があることがわかりました[4]。言い換えると、人口が中心部に集中したコンパクトシティ的な自治体は、人口が同程度の自治体よりも議員定数をより多く削減する傾向にあり、中山間地やリアス式海岸などを抱え集落が分散しているような自治体は議員定数をできる限り減らさないで地域代表が出るよう計らっている傾向にあるのです。[5]

先ほどのべたように、２０２０年代に入っても、有権者からの議員定数の削減圧力はなくなるようには見えません。おそらく「多すぎる」と回答している人のほとんどは「何人が適正か」を考えていないのでしょう。目の前の地方議員のふがいなさを見て、「このような議員ならもっと減らせる」というイメージを抱いているのではないでしょうか。

多くの地方議会でこれまで行われてきた定数削減論議は、「何人までなら減らせる」という発想で五月雨式に少しずつ減らしてきたと言えるかと思います。積極的に適正数の理由を掲げた議会も、その多くは「同規模の自治体が何人だから、我々の議会もそれぐらいの数にする」という域に留まっていたのではないでしょうか。また、地方議会に欠員が出てもそれほど支障がなかったことから、「住民からの削減圧力も強いし、欠員分定数を減らし、その浮いたお金を議員報酬の増額にまわそう」といった発想で減らしたところも少なくないと思います。

五月雨式の削減は際限がありません。「何人がよい」というあるべき姿がないわけですから、住民からの圧力はいつまで経ってもなくなりません。私としては「多すぎると思っている住民が多いので、議員定数を減らす」という流れを、このあたりで断ち切る必要があると考えます。[6]

本講の冒頭に述べたように、地方議会の定数は、「住民の縮図としての議会」という側面と「会議体としての議会」という側面の両面から検討されるべきです。一般的に、会議を円滑に進められるのは10人あたりまでと考えられています。[7]そして、議会に設置される常任委員会は、会議体としての質を担保するものと考えるべきでしょう。それを元に考えると、議会に設置される常任委員会を基本とし、その倍数を議員定数とする、という発想は可能ですし、説得力を持ちます。なお、常任委員会の数は、当該自治体の産業構造や住民構成、歴史的経緯などを考慮して、それぞれで判断すればよいと思います。

一般的に産業構造が比較的単純で人口が少ない自

治体では常任委員会数は少なく（もしくはなし）、人口の多い都市部は抱える行政課題は多岐にわたるので委員会数は多くなると考えられます。たとえば、10万人ぐらいの市であれば、議員7人で構成される3つの常任委員会（たとえば、総務、文教・福祉、建設・経済）を置き、議会の議員定数は7人×3委員会で計21人とする、と考えられます。[8]

　議員定数は「何人が望ましい」とは一概に言えませんが、何人であっても一定の根拠を示さないと水掛け論に終始し、きりがありません。根拠が示せれば、異なる意見を述べる側にその根拠を求めることができるのです。

　また根拠を示すことは、「議会中、居眠りする議員がいる」「長期欠席して議員の役割を果たさない者がいる」といったニュースに流されて、「そんな議員はいなくなった方がよい」という雰囲気で「定数削減すべき」というポピュリズム的で短絡的な判断を回避することができます。選ばれた議員の資質と、議会のあり方に直結する議員定数は分けて考えるべきなのです。

「次の選挙である議員が引退する、後継者は立たなさそうだから議員定数を一人減らそうか」。五月雨式に議員定数を削減した議会の中には、なり手不足を糊塗するために削減をしたところもあったのかもしれません。想像をたくましくすれば、議員選挙での定数割れ当選が増え、なり手不足が近年可視化されるようになったのは、定数削減では糊塗できない状況になったから、と言うこともできるのです。

【注】

1　河村和徳（２０１０）『市町村合併をめぐる政治意識と地方選挙』木鐸社。

2　総務省「地方議会・議員のあり方に関する研究会」https://www.soumu.go.jp/main_sosiki/kenkyu/chihogikai_giin/index.html（２０２２年８月７日閲覧）

3　関連して、全国町村議会議長会は町村議会議員のなり手不足対策検討会を立ち上げ、２０２４年４月には検討会から報告書が提出されています。https://www.nactva.gr.jp/html/research/countermeasure.html（２０２４年４月11日閲覧）

4　もちろん人口が多い自治体ほど議員定数が多い傾向はあります。ただ、財政環境が悪い自治体ほど議員定数を減らしているとは統計的には言えません。河村、前掲書。

5　地方議員を自他共に認める「地域の御用聞き」と認識す

る読者は少なくないかもしれません。ただ、私の分析結果は、１９９０年代以降、条例で定数が定められるようになった結果、地域代表が機能するよう条例定数を減らしてきた歴史をうかがわせます。

６　関連して、次の点も考える必要があります。日本全国に議会の定数が偶数である議会が数多くありますが、なぜ奇数ではなく偶数なのでしょう。理由を明確に述べられるところはほとんどないと思います。もし「地方議会の議長職は極めて重要」と考えるのであれば、定数は奇数である方が望ましいと容易に導き出せますが、そうした発想をしたことがないのではないでしょうか。

なぜ奇数がよいのかと言えば、賛否同数の際に議長が最後の１票を投じることで「白黒をはっきりつける」ことができるからです。定数が偶数の議会において、勢力が拮抗する２つの会派が議長職を押しつけ合い混乱が生じている現実からもそれは指摘できます。（第20講参照）

７　町村議会議員の議員報酬等のあり方検討委員会は報告書の中で、会議体としての委員会は「少なくとも7〜８人」と記述しています。町村議会議員の議員報酬等のあり方検討委員会（２０１９）『町村議会議員の議員報酬等のあり方最終報告』（https://www.nactva.gr.jp/html/research/pdf/remuneration_01_2.pdf）

８　宮城県気仙沼市議会はこの方式を採用しています。気仙沼市議会「気仙沼市議会議員定数のあり方に関する審議会答申」https://www.kesennuma.miyagi.jp/li/shisei/160/090/10/index.html（２０２４年４月８日閲覧）

第19講　女性議員を増やすには

KEY POINTS

- クオータ制の重視度は年齢とほぼ比例
- 女性後継に抵抗感を持つ後援会会員がいる
- 女性をなり手と見るような意識改革も必要

第19講のねらい

女性政治家が少ない状況を指して「日本は世界に比べて遅れている」と指摘する声は少なくありません。「民主主義の長い歴史があるのに女性政治家が少ないのはおかしい」という主張は当然だと思います。

ただ、第2講で、欧米の選挙で基本とされている戸別訪問が日本では禁止されたことを指摘したように、日本は欧米から輸入した政治の仕組みを独自の形で進化させてきました。第2次世界大戦後、独立を果たした国々と異なり、日本は男性の政治家しかいない時代を経て、現代に至っています。個人的には、選挙制度や地方議会の運営方式が男性しかいない時代に輸入され、その蓄積の上に現代の姿があると思います。言い換えると、その記憶が「政治は男性がやるもの」というステレオタイプを生み、選挙と議会の歴史が「母としても、妻としても、そして議員としても優れている人が望ましい」という高いハードルを女性候補に課しているのかもしれません。政治分野の男女共同参画が大事なことは頭でわかっていても、なかなか形にできない理由は、そうした心理的な部分もあると考えるべきでしょう。

女性政治家や研究者の中には、候補者や議席の一定割合を女性に割り当てる「クオータ制」を主張される方もいます。それはひとつの案かもしれません。しかし、選挙を研究している立場からすると、枠を割り当てることは選挙の原則の観点（平等選挙や自由選挙）からしたら問題ではないかと思います。また性別だけ割り当てると、「若い世代に割り当てるべきではないか」「いやいや地域代表も意識すべきだ」[1]という声も生じて、収拾がつかなくなると思います。

　女性政治家を増やす策はクオータ制だけではありませんし、有権者や地方議員はそれらについてどう思っているのか、数値的に示す必要があると私は思います。そこで第19講では、私が実施した意識調査（NOS住民意識調査（2020年12月実施）、全市区議意識調査、町村議意識調査）の結果を示し、それをふまえて女性地方議員を増やす方策について少し考えたいと思います。

19・1　クオータ制を重視するのは高齢者

　女性政治家を増やすには、さまざまな改革手法があります。たとえば、前出の「クオータ制」導入のように、法律改正が必要な「外からの改革」もあれば、子どもがいる女性議員のために託児スペースを設けることに代表される、それぞれの議会が独自に実施できる「内なる改革」もあります。[2]女性政治家を増やす策にはさまざまなものがあると思いますが、それぞれ個別に導入の賛否を質問したら、回答者のほとんどが全ての質問に「賛成」と答えるでしょう。女性の政治家を増やしたほうがいいというのが社会的な潮流なのですから、自らの本心は脇に置き、社会的に望ましい回答をしようとすると考えられるからです。[3]

　そこで、私が実施した調査では、さまざまな女性を増やす策があるなかで、回答者にとって優先順位が高いと思われるものに○をつける方式にしました。[4]民主主義社会での意思決定は基本的に多数の声が優先されますから、○をつけた人の比率が高い項目ほど、社会的に重視されている項目と言えます。

　それでは、回答結果を見ることにしましょう。**図表19-1**は、「女性の地方議員を増やすために有効な方策について、最も重要なものを4つ挙げてください」という質問の回答結果です。この図表から、有権者、地方議員の回答は概ね同じ傾向にあることが見てとれます。たとえば、「出産・育児休暇や手当の充実」「地方議会でのセクハラ対策」「託児スペースや授乳室の整備」など、議会ですぐに取り組めそうなものに○がつく傾向があることが見てとれます。

一方、「候補者や議席の一定割合を女性に割り当てるよう制度を改正する」、すなわちクオータ制の

女性を増やす策　下記の項目から4つ選択

	有権者 (N=1200)	市区議 (N=7704)	町村議 (N=735)
政党が女性に限定した候補者公募を行う	21.3	12.7	9.0
政党が女性候補者の選挙運動を積極的にサポートする	32.9	23.9	21.9
政党助成金を女性議員数によって傾斜配分する	8.1	4.8	4.2
出産・育児休暇や手当を充実させる	50.8	46.6	46.3
男女ペアとなって立候補する選挙制度を導入する	4.8	2.2	2.9
候補者や議席の一定割合を女性に割り当てるよう制度を改正する	26.5	22.6	28.2
地方議会選挙に比例代表制を導入する	5.8	4.9	4.8
地方議会に託児スペースや授乳室を整備する	35.7	42.1	34.1
議員活動するにあたって旧姓使用を認める	15.7	28.0	16.7
地方議会でセクハラが生じないよう対策を進める	46.3	43.3	43.9
無回答	7.8	1.7	2.2

図表 19- 1　女性の地方議員を増やすために有効な方策（多重回答） 出典：筆者作成

導入の順位は、有権者では5位、市区議では6位、町村議では4位と思ったほど高くなく、それに○をつけた者はそれぞれ3割以下という結果です。

なお、有権者に対する調査は、有権者の縮図になるよう世代・性別を割り当てる「割り当て法（クオータ法）」で実施していますので、女性の有権者の中にもクオータ制の優先順位が低い層が存在することをこの結果は示しています。

図表19-2は、クオータ制は重要な策として○をつけた者の比率を、性別・年代別でクロス集計した結果です。この図表から、2つの興味深い点が確認できます。まず1つは、クオータ制導入を優先的な項目と認識しているのが女性議員という点です。男性議員と大きく違うことが数値的に明らかです。本誌「地方議会人」連載の議員研修講座シリーズ「女性議員はどう増えるのか」で登場した女性議員の方々の記述と、**図表19-2**の結果は整合的と言えます。

もう1つは、有権者も地方議員も総じてクオータ制を重要視する回答は、年齢とほぼ比例している点です。有権者も地方議員も、程度の差こそあれ年齢

有権者	男性	女性
20歳未満	8.1	21.6
20代	13.3	13.7
30代	26.3	26.1
40代	27.0	29.1
50代	23.7	16.1
60代	40.7	35.3
70代	34.2	33.3

（%）

	市区		町村	
	男性議員	女性議員	男性議員	女性議員
40歳未満	16.6	29.5	11.1	33.3
40代	15.9	35.5	27.3	71.4
50代	14.8	39.5	16.0	44.4
60代	21.3	43.1	30.3	44.4
70代	23.2	37.5	26.4	54.5
80歳以上	24.6		23.1	

図表 19-２　性別・年代別でクオータ制を重要と回答した者の比率 出典：筆者作成

が高い者ほどクオータ制を重視する傾向にあることが見てとれます。若い人ほど政治に関心がないからこのような結果となった、と解釈することもできるかもしれません。しかし、若い世代ほど男女平等の教育が進んでおり、クオータ制を積極的に導入する必要はないと感じている可能性もあります。[6]
この結果は、クオータ制を導入したいとした場合、男性だけではなく、若い女性たちを説得する必要があることを示唆しています。

19・2　女性は後継指名されにくいという実態

私は、ある定数割れしそうな地方議員選挙を調査したことがあります。その際、引退する議員の後援会関係者が、後継候補者擁立のために多くの男性に声かけしている現場に出くわしました。私は、その方に「どうして女性に声をかけないのですか」と質問したら、その方は怪訝《けげん》な顔をされました。

町村レベルで地方議員のなり手不足が深刻なことは、多くの人が認識しています。[7]それなら、なぜ「適齢域の男性がいないなら、女性や若者に」とならないのでしょう。町村レベルの選挙環境は、市区レベル以上に「政党中心の選挙」ではありません。個人の選挙資源に依存する傾向が顕著です。女性がなり手候補として認識されていないか、もしくは女性が議員になることに抵抗を持つ人に配慮して女性に声かけをしていない可能性があるように思います。

ここで、議員に対して実施した調査結果を見てみましょう。私は議員に対する調査において、「もしあなたが、自らの後継者を指名できるとするならば、性差に関係なく有為な人材に後継指名したいと思いますか」という質問を行いました。その問いに対する回答結果を図示したものが、**図表19-3**になります。「そう思う」「どちらかと言えばそう思う」を合わせると85%を超える回答者が「性差に関係なく後継指名をしたい」と回答しました。前述した「社会的望ましさバイアス」の可能性もあるかと思いますが、一応大多数の方が後継指名に性別は関係ないと答えています。もし、この回答通りなら、女性の後継候補者がもっと出てきてもいいはずです。しかし、現実はそうではありません[8]。なぜ女性を後継候補にしてもよいという議員は多いのに、後継が女性になりにくいのでしょうか。

（%）

	市区議（N=7704）	町村議（N=735）
そう思う	67.3	62.7
どちらかと言えばそう思う	17.9	25.2
どちらかと言えばそう思わない	2.2	3.0
そう思わない	4.3	6.0
所属政党等の都合で後継指名はできそうにない	4.3	0.8
その他	2.5	1.4
無回答	1.5	1.0

図表 19-3　性差に関係なく後継指名をしたいか　出典：筆者作成

1つは、議員は女性が後継者でよいと思っても、

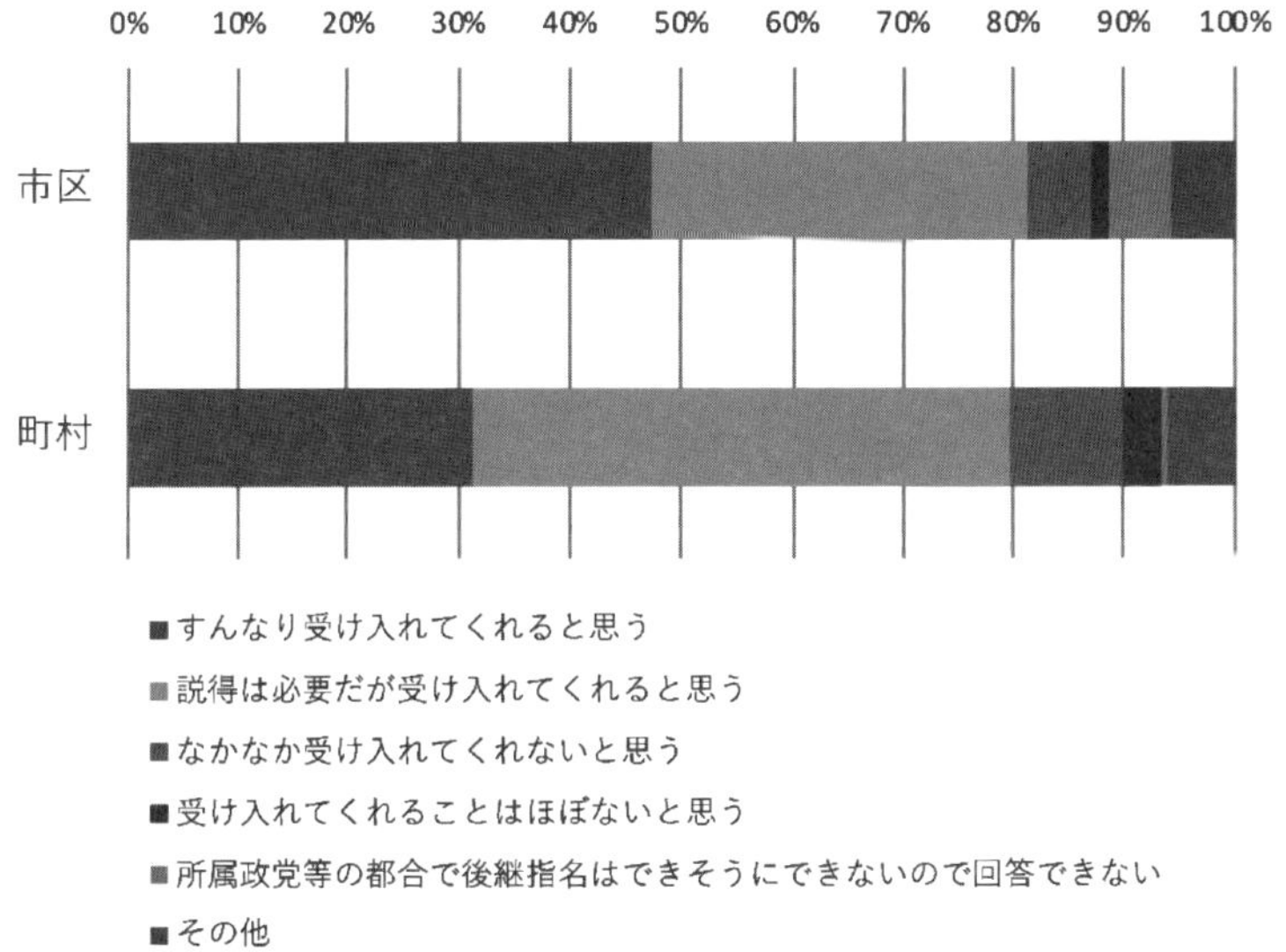

図表 19-4　女性の後継者を後援会幹部は受け入れるか
出典：筆者作成

男性中心の後援会組織が女性を担げる雰囲気にないことが影響していると考えられます。実際、「もしあなたが有為な女性を後継者に指名したいとした場合、あなたを支える後援会の幹部はそれを受け入れてくれると思いますか」という問いの回答結果を見てみると（図表19-4）、議員自身が女性を後継者に据えたいと思っても後援会がすんなり了承してくれないと思っている議員が少なくない状況にあることに気づきます。ここから、「政治は男性のもの」「女性では選挙に勝てない」といったステレオタイプ的な見方をする方が後援会幹部に若干存在し、女性を後継指名しようとすると説得コストがかかることがうかがえます。

地方議員選挙の勝敗は個人の選挙資源（地盤「後援会や支援組織」、看板「知名度」、鞄「選挙資金」）に依存します。公明党や共産党といった政党の支援がある候補者を除けば、それら「3バン」がないと選挙に勝つことは容易ではないのです。新型コロナの影響によって、地盤の重要性は徐々に弱まっているようですが、[9] 現時点において、女性が後継候補として後援会組織を引き継ぎにくい環境は、女性の地方議員を増やす足枷になっていると言えるでしょう。

19・3 意識を変えていく必要性

繰り返しとなりますが、地方議員のなり手不足は全国的な政治争点となっています。しかし、定数割れ無投票になるような地方議員選挙であっても女性はなかなか立候補しません。

立候補に対する家族の反対や、「政治は男性のもの」といったステレオタイプ的な見方もあるかと思います。[10]「女性議員が政治の世界で成功するには男性議員以上に努力をしなければならない」「女性議員であっても家事や育児を疎《おろそ》かにしてはならないという有権者は少なくない」といった見方が広く浸透していることも影響していると思います（図表19-5）。地方議員として求める条件が女性のほうが高くなりやすい状況、すなわち、そうした意識を我々が持っていることも、女性が立候補しづらい背景にあるのです。[11]

いまの女性議員が政治の世界で成功するためには、男性議員よりも多く努力する必要がある (%)

	強く同意	同意	どちらかと言えば同意	どちらかと言えば反対	反対	強く反対	わからない	無回答
有権者	5.6	15.2	25.1	11.6	5.6	1.3	34.8	0.9
市区議	5.3	13.0	28.1	18.3	13.3	4.8	15.0	2.3
町村議	3.5	15.9	35.9	15.9	10.1	2.2	14.7	1.8

女性議員であっても家事や育児を疎かにしてはならないと思う有権者は少なくない (%)

	強く同意	同意	どちらかと言えば同意	どちらかと言えば反対	反対	強く反対	わからない	無回答
有権者	6.8	18.8	28.2	5.8	1.9	0.7	36.8	1.0
市区議	6.0	27.0	42.0	7.3	4.3	1.2	10.1	2.0
町村議	5.0	29.0	43.5	6.0	3.9	0.8	9.9	1.8

図表 19-5 女性議員に関する意見 出典：筆者作成

「女性を地方議員のなり手として見ていないことも、地方議員のなり手不足の1つの要因である」という意見に同意するか、という問いに対し、市区議でその意見に同意する回答をした者は47・9%、町村議では60・3%に上っています（「強く同意」「同意」「どちらかといえば同意」の合計）。裏を返せば、この回答結果は、女性を地方議員のなり手と見てこなかったことを示唆しています。女性が立候補し議会活動をしやすい環境を整えることはもちろんですが、立候補する前の環境についても意識することが必要ではないでしょうか。[12] そして、そもそも女性を議員のなり手と見ない風潮を改めるなど、日本人の意識をどうすれば変えられるのか、これについても知恵を絞る必要があると思います。

【注】

1 「参院選の選挙区での合区を止めるべき」という議論とも関わってくることになります。

2 この2つの改革については、次の文献を参照してみてください。辻陽（２０１９）『日本の地方議会―都市のジレンマ、消滅危機の町村』中公新書。

3 これを「社会的望ましさバイアス」と呼びます。

4 私がこのようなやり方で調査しようと思ったのは、内閣府男女共同参画局委託事業「女性の政治参画への障壁等に関する調査研究報告書」の作成に協力した際、優先順位を聞かないと意味がないと思ったからです。有権者と地方議員それぞれで優先順位が違うはずなので、それぞれで同じ質問をする必要があると気づいたのも、このときです。内閣府男女共同参画局（２０２０）『令和２年度 女性の政治参画への障壁等に関する調査研究』（令和３年３月）(https://www.gender.go.jp/research/kenkyu/pdf/sei-jisankaku_research_r02.pdf)

5 女性の80歳以上議員はサンプル数が非常に少ないため、70代と統合して数値を出しています。

6　ただ、クオータ制を導入している韓国の事例研究によると、ジェンダーに対してリベラルな姿勢を持つ男性であっても、女性の社会的進出に脅威を感じクオータ制に反対する可能性があるそうです。Jeong Hyun Kim, and Yesola Kweon（２０２２）“Why Do Young Men Oppose Gender Quotas? Group Threat and Backlash to Legislative Gender Quotas,” *Legislative Studies Quarterly*(online, DOI:10.1111/lsq.12371).

7　全国町村議会議長会に町村議会議員のなり手不足対策検討会が設置されたのもそのためです。https://www.nactva.gr.jp/html/research/countermeasure.html（２０２４年４月11日閲覧）

8　なお、年齢別でクロス集計をしたところ、若い議員ほど「そう思う」と答える比率が大きく、この回答でも世代間ギャップが感じられます。

9　関連して、次の文献にも目を通してみてください。河村和徳（２０２３）「昭和から令和へ・・・・・・・変わる、地盤・看板・かばんの今」『議員NAVI Plus』Vol. 83、２―６頁。

10　前出の内閣府の調査結果やＮＨＫによるアンケート調査結果は、これらを数値的に示しています。ＮＨＫスペシャル取材班（２０２０）『地方議員は必要か　３万２千人の大アンケート』文春新書。

11　おそらく古川綾磐梯町議会議員が指摘するように、ロールモデルの欠如も大きいかと思います。古川綾（２０２２）「小規模町村議会はやりがい満載」『地方議会人』２０２２年５月号、40―43頁。

12　立候補する前の環境（たとえば、地縁組織や行政の審議会など）で女性を積極的に登用していく努力も必要だと思います。たとえば、兵庫県小野市の取組みは参考になるかと思います。河島三奈（２０２２）「現地報告　兵庫県小野市　多様な人材が活躍するまちづくりをめざして」『地方議会人』２０２２年５月号、32―35頁。

なお、農業委員会は選挙制度を廃止して任命制に移行した結果、女性委員が増える傾向にあります。行政が多様性に配慮して委員の任命を行っている結果だと思います。また、スポーツの中央競技団体でも組織ガバナンスの観点から女性役員を増やすことが求められています。農林水産省「農業委員への女性の参画」https://www.maff.go.jp/j/keiei/jyosei/joseiin.html（２０２４年２月24日閲覧）、スポーツ庁「スポーツ団体ガバナンスコード＜中央競技団体向け＞」https://www.mext.go.jp/sports/b_menu/sports/mcatetop10/list/detail/1420887.htm（２０２４年２月24日閲覧）

第20講　議長には誰がなる？　住民から見た議長職

KEY POINTS

- 議長職に対するイメージに地域差はある
- 男性はボトムアップ型の議長を志向する
- 議長任期の慣例の負の側面も意識せよ

第20講のねらい

2023年1月、アメリカの下院の議長選は100年ぶりの再選挙となりました。理由は、与野党の議席数が拮抗したことに加え、トランプ前大統領を支持する共和党議員が造反したためでした。

「議長がなかなか決まらない」という状況は、日本の地方議会でもしばしば見かけます。最近では山梨県の忍野村《おしのむら》議会[1]や鹿児島県の西之表市《にしのおもてし》議会[2]の事例が挙げられますし、議長がなかなか決まらず99回目の選挙でやっと決まった2018年の沖縄県の与那国町《よなぐにちょう》議会の事例もあります[3]。町を二分する大きな政治争点が存在すると議長はなかなか決まりません。議長は可否同数の際には議長裁決として意思決定に大きな役割を担いますが、議案の採決には加われません。そのため、議会の定数が偶数で、議会が賛否真っ二つのようなところでは「少数派になりたくない」と議長職を押しつけ合う事態が発生するのです[4]。

そこで第20講では、議長職に焦点を当てたいと思います。ただ、地方議員が議長職に対してどう思っているのかではなく、住民が持つ議長職に対するイメージについて論じることにしたいと思います。議長は議会内での会派の駆け引きだったり、議員選挙の得票結果だったりが加味された形で選出されるかと思います。本講は、そうした実際の話を追うのではなく、住民から議長職がどう見られているかという観点からアプローチしたいと思います。

なお、第20講で登場する調査は、２０２３年２月に実施したＮＯＳ住民意識調査（２０２３年２月実施）です。

20・1　議長職に対するステレオタイプは健在か

私たちは、「一般の住民は、『当選回数を重ねた経験豊かなベテラン議員がなるべき』『年齢が高い議員がなるべき』と思っている」と思いがちです。そう思いがちになる背景には、戦前から続く長い地方議会の歴史の中で、そうした人たちが議長になることが多かったということを知っていることがあるかと思います。それに、日本ではまだまだ年功序列的な発想を重視する社会です。年功序列が頭の中にすり込まれていることも影響しているのかもしれません。

ただ、それらは「ステレオタイプ（ないしはイメージ）にすぎない」のかもしれません。なぜなら、それらを発言する際、証拠に基づいて発言しているとは限らないからです。それに時代の流れから「議長などのリーダーは男性がすべき」と思っている住民はかなり減っていると思われますし、本誌『地方議会人』の「議員研修講座シリーズ　女性議員はどうすれば増えるのか」で女性の議長や議長経験者がたびたび登場していることから明らかのように、女性議長は増えつつあります。女性が議長になることに抵抗がある人はいるかもしれませんが、住民意識のレベルでは「女性には議長を任せられない」という主張は過去のものとなっている可能性もあります。[5]

そこで、議長に「当選回数が多い議員がなるべきか否か」「年齢を重ねた議員がなるべきか否か」「男性がなるべき否か」という質問を、調査対象者にぶつけてみました。その回答結果が、**図表20-1**の結果となります。この図表の結果から、「当選回数や年齢、性別を住民は気にしていない」と言えるかと思います。言い換えると、現在では年功序列的発想や男性優位的な発想で議長職を見るのは望ましくない、となるかと思います。

しかし、注意しなければならない点もあります。第19講でも指摘しましたが、このような調査では、自分はそう思っていなくとも社会的によいと思われる回答をする「社会的望ましさバイアス[6]」が存在している可能性がある点です。「議長には当選回数が多い議員がなるべき」「議長には年齢を重ねた議員がなるべき」「議長には男性がなるべき」を選択しなかった回答者が多かったのは、最近、政治分野における男女共同参画が進められているなどの社会情勢を踏まえた影響かもしれません。

ただ、仮にそうだとしても、「女性には議長をさせられない」という発言がありえないことは、「男性がなるべき」という回答が少ないことから、明らかだと思います。またデジタル化の進展によって、「当選回数を重ねているから議長にする」という説明は、住民には受け入れられにくくなっています。なぜなら、ベテラン議員の中には情報端末が使えない議員がいることを住民は理解しており、当選回数を重ねているから能力は高いと必ずしも言えない時代になっているからです。

ところで、議長に「当選回数が多い議員がなるべき」「年齢を重ねた議員がなるべき」「男性がなるべき」というそれぞれの回答に対して、性別や年代、年収、居住地などの社会的な属性で違いはあるのでしょうか。そこで、それらの回答と社会的属性の間でクロス集計を行ってみました。

「男性回答者の方が、男性が議長になるべき

質問項目	回答（%）
議長には当選回数が多い議員がなるべき	1.9
どちらかといえば議長には当選回数が多い議員がなるべき	9.4
どちらとは言えない	37.6
どちらかといえば議長は当選回数に関係なく選ばれるべき	24.1
議長は当選回数に関係なく選ばれるべき	26.1
無回答	0.9

質問項目	回答（%）
議長には年齢を重ねた議員がなるべき	0.9
どちらかといえば議長には年齢を重ねた議員がなるべき	4.9
どちらとは言えない	33.4
どちらかといえば議長は年齢に関係なく選ばれるべき	25.7
議長は年齢に関係なく選ばれるべき	34.2
無回答	0.9

質問項目	回答（%）
議長には男性がなるべき	0.3
どちらかといえば男性議員がなるべき	1.4
どちらとは言えない	29.9
どちらかといえば議長は男性でなくともかまわない	18.5
議長は男性でなくともかまわない	48.9
無回答	0.9

図表 20- 1　議長は誰がなるべきと思うか　出典：筆者作成

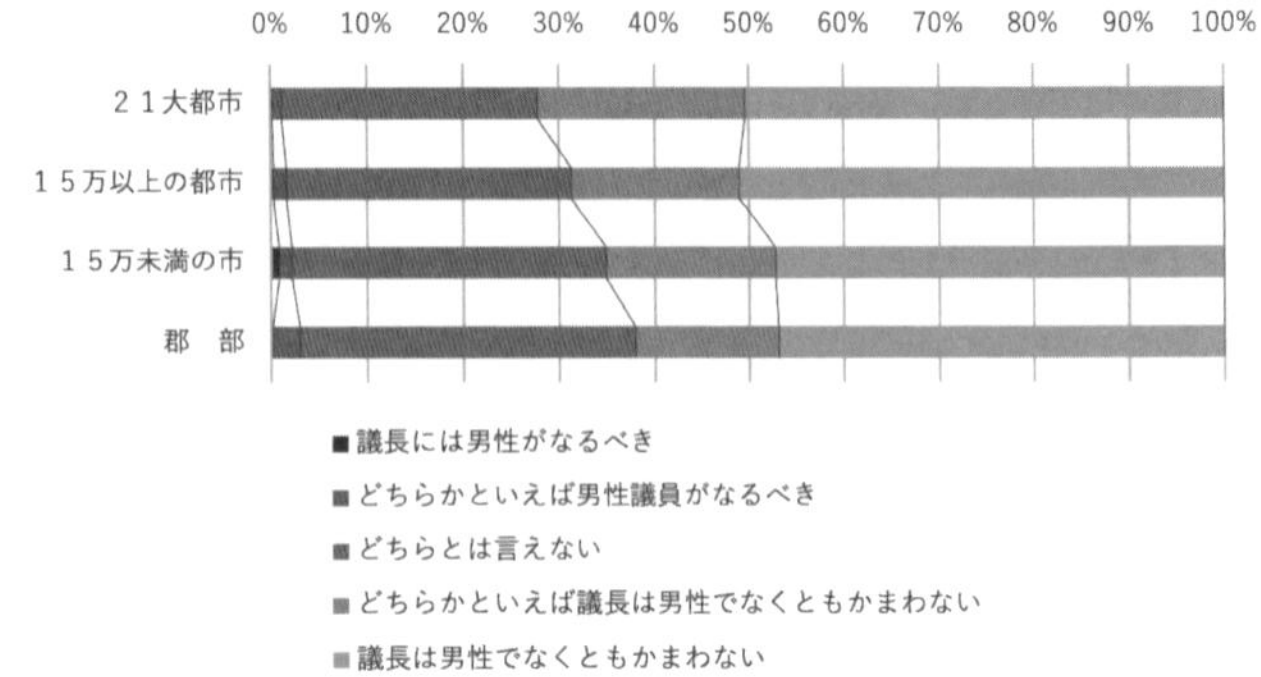

図表 20- 2　「議長には男性がなるべき」という問いに対する居住地別の回答結果
出典：筆者作成

と考えているのではないか」「高齢者の方が年齢を重ねた議員がなるべきと思っているのではないか」とさまざまな予想を立てて集計をしてみたものの、今回の調査データからはそうした関係性を見いだすことはできませんでした。そのような中、唯一と言ってよいほど回答結果の差があったのが、居住地別の属性でした（図表20 - 2）。「どちらかといえば議長は男性でなくともかまわない」と回答した者の比率は、都市部でも郡部でも約50%とほぼ同じでしたが、人口が少ない郡部では「どちらとは言えない」が増える傾向が見てとれます（「男性がなるべき」は少数で、割合はほとんど変わりません）。

都市部の方が、女性議員が多いこと、また女性議長が増えてきたことが回答結果に影響していることがうかがえます。

20・2　議会運営のスタイル

しばしば組織的な意思決定を行うにあたり、ボトムアップ型がよいか、それともトップダウン型がよいのかが議論になります。もちろん、どちらか一方でなければならないのではなく、多くの組織が使い分けをしていると思いますし、組織の置かれている環境や組織の目標によってどちらに比重を置くかは変わってきます。

地方議会は、多様な意見を尊重しながら意思決定を行うことが制度的に企図されています。そのことを考えると、よりボトムアップ型の議会運営がなされるべきかと思います。ただ、議長が協調性を尊重しすぎると大胆な改革を進めることは難しいと思います。

反対する声に配慮しすぎてしまうからです。議会改革に熱心な議会では、改革に対する議員たちの熱量が高いのは言うまでもないことですが、改革を引っ張っていく議長の存在も大事なように思います。

ＮＯＳ住民意識調査において私は、調査対象者に対し、地方議会の議長は協調性を発揮しボトムアップ型で議会運営を行うべきなのか、それともリーダーシップを発揮しトップダウン型で議会運営を行うべきなのか、どちらの意見に近いのか質問しました。その回答結果を図示したものが、**図表20‐3**です。この図を見ると、ボトムアップ型で運営すべきという回答（「どちらかといえば」を含む）は21・1％、トップダウン型で運営すべきという回答（同）は20・7％と、意見が拮抗していることがわかります。

ただ、先ほど採りあげた「議長に誰がなるべきか」に関する3つの質問と異なり、この問いに対しては、性別・年代別で違いがあるようです。三重クロス集計を行った**図表20‐4**を見ると、次の点が指摘できます。まず、男性の方が相対的にボトムアップ型の議長を志向する傾向にあります。そして年代が上がれば上がるほど、ボトムアップ型を志向する比率は高くなる傾向がうかがえます。一方、女性は年齢が上がれば上がるほど、トップダウン型の議長を志向するようです。

このような結果が得られたのはなぜでしょう。もしかすると、議長だけではなく、企業の社長や学校の校長などリーダー像で同一傾向があるのかもしれ

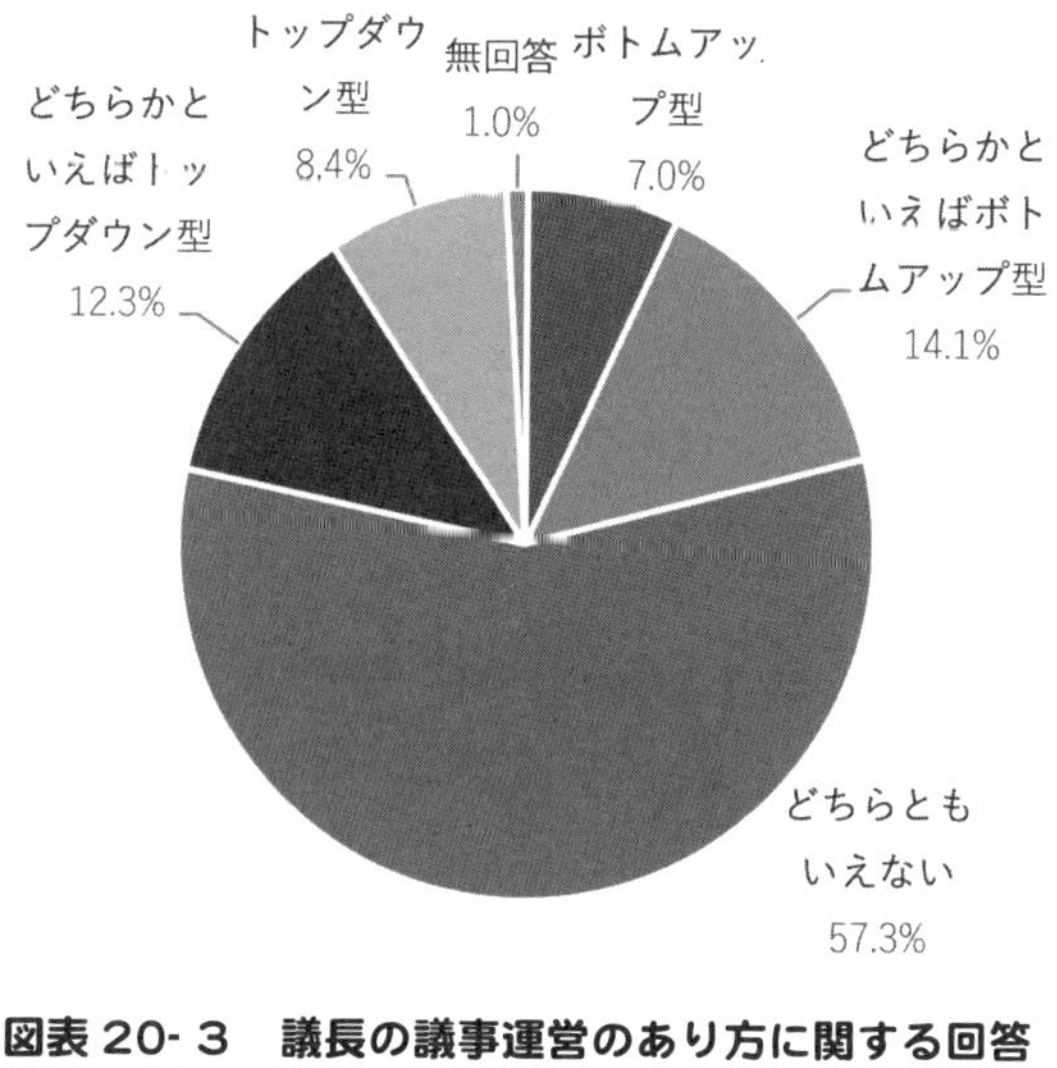

図表20‐3　議長の議事運営のあり方に関する回答結果　出典：筆者作成

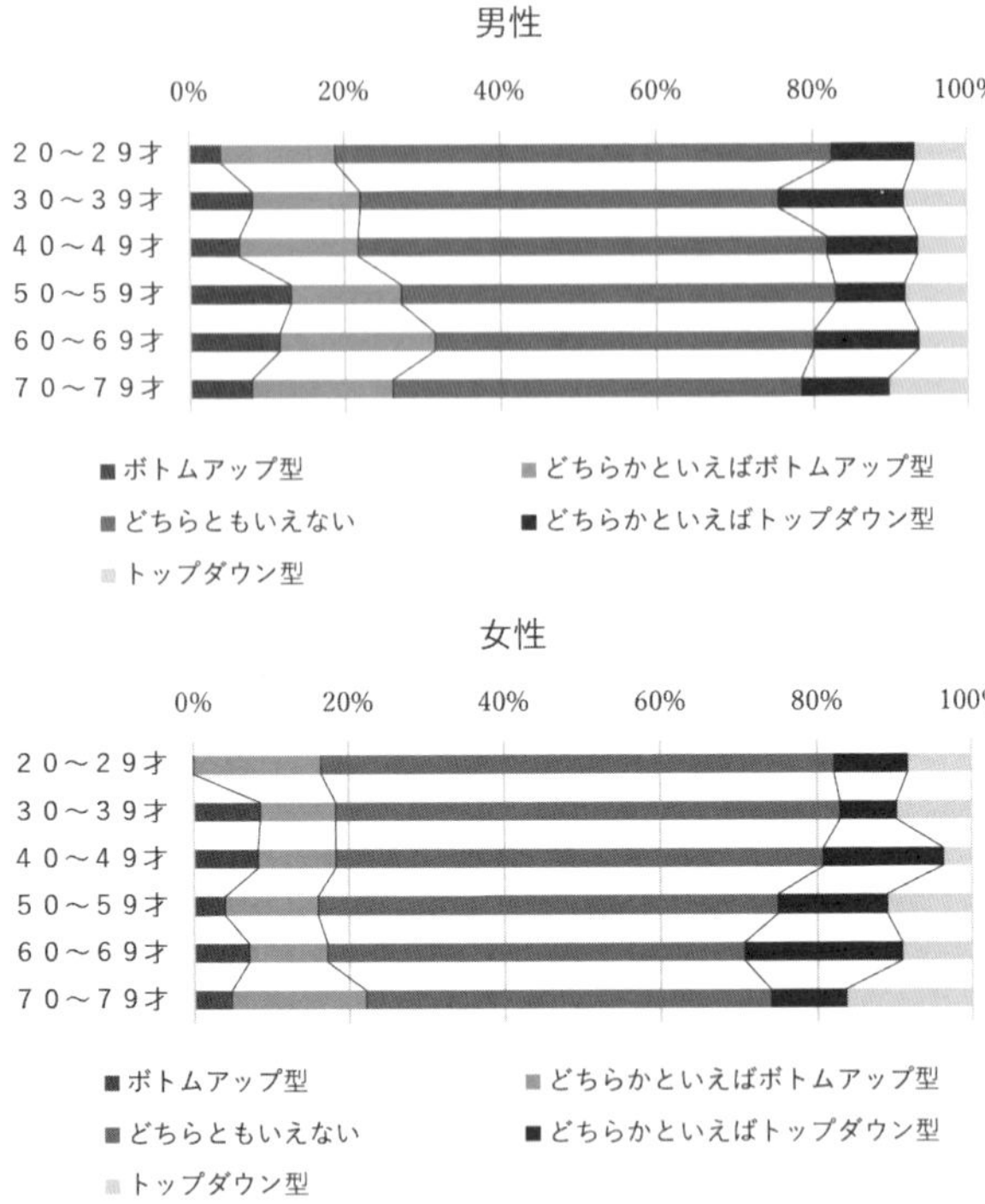

図表20-4　議事運営に関する問いと性別・年代別の三重クロス集計の結果

出典：筆者作成

ません。ただ、民間のリーダー像についての調査データを私は持っていません。これについては、また別の機会に検討したいと思います。

20・3　議会改革と議長の任期

地方自治法は第103条で、議長・副議長の任期は「議員の任期による」と位置付けています。しかし、議長・副議長の任期を慣例で2年として交代しているところも少なくありません。[7]慣例として任期を短くしているのは、より多くの議員に議長職を経験しもらいたいという発想からかもしれません。

執行部主導の自治体運営が期待されているような場合、議長に対する役割期待は「議事進行を恙《つつが》なくやってもらいたい」ということだけだと思います。そうだとするならば、2年の慣例はプラスだと思います。なぜなら、多くの人が議長を経験することによって、議長のあり方や議事の進め方などに皆が精通できる可能性が高いからです。また、多くの議員が議長になることで、議会内のコミュニケーションが密になりやすいという効果にも期待できます。

しかしながら、地方議会の定数や報酬、デジタル化など、地方議会が抱えている問題は山積みで「改革は待ったなし」の状況にあると思います。それを前提に考えてみると、2年の慣例はマイナスのように思います。

　たとえば、地方議会のデジタル化を事例として考えてみましょう（第22、23講を参照）。デジタル化を進めようと思ったとき、検討する組織はどうするのか、というところから始まり、情報端末などを導入するために執行部と予算折衝、デジタル田園都市国家構想交付金などの国の対応の把握などもしなければなりません。デジタル化に係る条例改正を検討する一方で、議会内デジタル・ディバイド（情報格差）の解消にも努めなければなりません。こうした大改革が求められる場合、議長の任期が2年では短すぎます。

　それに、慣例になっているとはいえ、議長が2年で交代していくことは、住民に「議長は誰でもできる」という誤った認識を植え付ける可能性があり、その点を無視してはなりません。慣例化している中での変更は難しいかもしれませんが、こうした慣例の抱える負の側面も認識し、変えられるようなら変えていくべきかと私は考えます。

【注】

1　「忍野村新議長に天野弥一氏選出　「みんなをまとめていく」」『朝日新聞（山梨県版）』2022年12月6日。

2　「議長交代でも対立が深まる　賛成派・反対派　馬毛島巡り」『朝日新聞（鹿児島県版）』2023年2月25日。

3　「与那国町議長選、100回前に決着　「大台乗ればさらに恥」与党譲歩」『朝日新聞』2018年11月1日。

4　このようなこともあるため、本来、地方議会の定数は奇数であるべきだと思います。

5　関連して、森山木の実長野県信濃町議員の指摘を参照。森山木の実（2023）「あらゆる議会活動に女性の視点が必要」『地方議会人』2023年1月号、42—45頁。

6　もう少し勉強したいという人は、善教将大《ぜんきょうまさひろ》関西学院大学教授の論文を読んでみてください。善教将大（2016）「社会的期待迎合バイアスと投票参加：リスト実験による過大推計バイアス軽減の試み」『法と政治』第66巻第4号、1—26頁。

7　1年というところもあると聞きます。

第21講　地方議会のデジタル化をどう考えるか

KEY POINTS

- 目的は「効率化」だけではない
- デジタル・インクルージョンの重要性
- オープンデータ政策との連動

第21講のねらい

新型コロナの感染拡大は、議員が議場に集まることを前提とする日本の議会制度の根本を揺るがすものでした。新型コロナ禍において、企業はテレワークを、学校はオンライン授業とデジタル技術を活用して世界的なパンデミックを乗り越えようとしました。地方議会の中にも、デジタルを活用してコロナに対抗しようとする動きがありました。

そうした動きの中、全国都道府県議会議長会は、都道府県議会デジタル化専門委員会を立ち上げ、私はその座長となりました。都道府県議会デジタル化専門委員会[1]は現時点における地方議会のデジタル化の論点整理などを行い、その報告書は第33次地方制度調査会の答申[2]にも活用されています。

第21講は、デジタル化専門委員会の座長として参加した経験から、地方議会のデジタル化の論点に焦点を当てたいと思います。

21・1　地方議会のデジタル化は「効率化」だけが目的ではない

近年、所属する議員にタブレットなどの情報端末を配布・貸与する議会は、増加傾向にあります。将来の危機に備え、オンライン活用の道を探っている議会もある一方で、情報端末を日常的に使わないという議会では、ペーパーレスに伴う効率化の視点に留まっているところもあると思います。

情報端末を活用することで「効率化」を促すこと

は、デジタル化の目的の1つであることは間違いありません。ただ、地方議会のデジタル化を考えるにあたって、効率性の追求だけに焦点を当ててしまうことは問題があります。地方議会は、政策遂行の効率性を追求する執行部とは違うのです。

そもそも二元代表制は非効率な仕組みです。多くの人が意思決定に関われば関わるほど、合意形成に時間がかかります。地方議会がなく、首長の独断で意思決定できた方が素早い意思決定ができますし、それを是とする首長の中には「そちらの方が効率的だ」と考える首長もいるかもしれません。

しかし、私たちは歴史の教訓の中から、権限が集中したリーダーが誤った判断をすると、多大な不幸が訪れることを知っています。「人間は完璧な存在ではなく過ちを犯す可能性がある」という人間観に基づき、権力が特定の人に集中しないよう、分散させる仕組みを採っています。それが権力分立であり、二元代表制の考え方なのです。二元代表制として2つの異なる住民の代表を並立させ相互監視させるのは、多少非効率であっても大きな誤った意思決定を回避するためなのです。

地方議会は、住民の多様な意見を尊重する場であり、効率的でスピーディな行政運営を行いたい執行部に「待った」をかける存在と言えます。それだけではありません。2023年の地方自治法改正で第89条が見直されたように、地方議会は地方自治体での重要な意思決定をする機関であり、地方議員は住民の負託に応える存在でなければなりません。[3]

【地方自治法 第89条】

普通地方公共団体に、その議事機関として、当該普通地方公共団体の住民が選挙した議員をもつて組織される議会を置く。

② 普通地方公共団体の議会は、この法律の定めるところにより当該普通地方公共団体の重要な意思決定に関する事件を議決し、並びにこの法律に定める検査及び調査その他の権限を行使する。

③ 前項に規定する議会の権限の適切な行使に資するため、普通地方公共団体の議会の議員は、住民の負託を受け、誠実にその職務を行わなければならない。

新しい第89条に即して地方議会・議員の位置付けを考え、そしてデジタル化の意義を考えると、地方議会のデジタル化は単に効率性を追求することを目的とするだけではなく、住民の代表として地方議員が負託に応えるという視点で考えなければなりません。

たとえば、「地域の課題についての議論に参加したいにもかかわらず、何らかの障壁にあって議論に参加できない議員を、できる限り少なくすること」も、地方議会のデジタル化のひとつの大きな目的と言えます。また、「より多くの住民の声を集め、より多くの他者に情報を発信できる環境を整えること」も、デジタル化を進める上で重要な論点になると思います。[4]

新型コロナウイルスが猛威を振るいはじめた2020年春、多くの地方議会が感染拡大防止の観点から、本会議の質問時間を短くしたり、出席人数を抑制して議場が密にならないようにしたりする対応をとりました。感染拡大防止の観点に立てば、その対応は妥当だったかもしれません。しかし、これらの対応は「議論に参加したいのに参加できない議員を増やす対応だった」と言うこともできます。

一方、コロナ対応の一環として委員会のオンライン開催を試みた議会もありました。こうした動きは、「議論に参加したいのに参加できない議員をデジタル技術によって極力少なくする」という取組みと言い換えることができます。

前者と後者のどちらがよい対応だったと言えるでしょう。二元代表制のあり方、そして地方自治法第89条の観点からすれば、後者がより適切な対応だったと評価できると思います。

以上から、地方議会のデジタル化は効率化を追求しつつも、住民の負託を受けた存在というあるべき姿の追求も意識しなければならないと言えるのです。

21・2 デジタル・ディバイドとデジタル・インクルージョン

デジタル・ディバイドとは、デジタル化に伴う恩恵を受けられる者と受けられない者の間に生じる格差のことです。こうした格差が生ずるのは、情報技術に対するリテラシーや端末を扱うスキルに個人差があるからです。慣れも大きいと思います。なお、世界の国々と比べると、日本では、相対的に高齢者の方が情報リテラシーやスキルが乏しいという状況にあります。[5] そして、デジタル化の進展を阻む障壁になっていると考えられています。

日本の地方議会のデジタル化が進まないのは高齢化率が高いことが一因であることは間違いありません。それが、年功序列的な組織風土や財政難と相まって、よりデジタル化が進みにくい状況が生まれていると言えます。

また、地方議員は選挙を経た住民の代表です。「情報リテラシーが乏しいから議会から排除する」というような対応は、日本では妥当とは言えません。[6] そうした遠慮もデジタル化を難しくしていると言えるでしょう。

しかしながら、新型コロナウイルスの感染拡大によって、企業ではテレワークが進み、大学などはオンライン授業を行うことによって「密」を克服しました。そうした変化があるなかで、地方議会が何も手を打たないままでは問題です。

先ほど、デジタル・ディバイドの発生は、情報端末を使う者の情報リテラシーやスキルに依存して生じると述べました。デジタル・ディバイドがある中でデジタル化を進めるためには、情報リテラシーやスキルがない人も利用可能なデジタル環境を整える必要があります。

デジタル・ディバイトと似たような言葉に、デジタル・インクルージョンがあります。デジタル・ディバイドの議論では、リテラシーやスキルなどの格差をどう是正するかが焦点となります。この言葉から導かれる社会像は、個々のリテラシーやスキルを上げていこう、です。

デジタル・インクルージョンは、少し趣が違います。デジタル・インクルージョンという言葉には、デジタルを用いてリテラシーやスキルが乏しい人を包摂していこうという意味に加え、デジタル技術を利用して社会的な包摂をより進めていこうという権利保護の意味も含まれています。新型コロナを事例にとれば、「コロナに感染してしまったため、委員会が開かれる会議室に出席できない状況にある議員に対し、テレビ会議システムを利用して意見を述べる機会を与えること」は、デジタル・インクルージョンだと言えます。

コロナ感染者がテレビ会議システムを利用して議会の議論に参加することは、緊急避難的な対応と言えます。しかし、平時であっても、議会に出席したくとも議場に足を運べない議員や、議員に直接意見を言いたいけれども仕事などの都合で議員報告会などの場に参加できない住民は生じます。彼らが政治に参加する機会をデジタル技術で担保する、それがデジタル・インクルージョンの考え方ですし、非常時だけではなく平時でも用いることができる考え方なのです。

21・3　地方議会のデジタル化の課題
——全国都道府県議会議長会のアンケート結果から

全国都道府県議会議長会は、２０２１年３月から４月にかけ、都道府県議会議員と都道府県議会事務局に対し「都道府県議会のデジタル化に関するアンケート調査」を実施しています。私が座長を務めた都道府県議会デジタル化専門委員会の議論に資することが主たる目的でした。[7] ここでは、アンケートの結果から、議員および議会事務局というデジタル化の当事者たちが感じている地方議会の課題について少し指摘したいと思います。

このアンケートの回答結果を総合すると、地方議会のデジタル化の当事者たちが課題と感じているのは、次の①〜④と言えます。

①議員へのサポート体制の整備
②デジタル人材の確保・配置
③制度改正
④予算の確保

①は、議員内に存在するデジタル・ディバイド対策と言い換えることができるでしょう。ただ、デジタル・ディバイドを減らすためには、議員個々の情報リテラシーやスキルを向上させる必要がありますし、何よりも情報端末などに触れてもらわなければなりません。食わず嫌いではサポート体制が充実し

ていても格差は埋まりません。

②は、議員をサポートするデジタル人材が確保できるのか、不安視する意見が少なくないことをうかがわせます。ただ、それだけではありません。議会事務局の人事とも関わってきます。日本の地方議会事務局職員は執行部からの出向で賄われています。

	今後必要となる方法
議決	電子投票
選挙	電子投票
検査	デジタル・フォレンジック技術
監査請求	デジタル文書提出による請求（電子署名やデジタルスタンプなど）
意見書の提出	デジタル文書提出の提出（電子署名やデジタルスタンプなど）
調査	デジタルドキュメントの収集
	デジタル・フォレンジック技術
請願・陳情の受理	デジタル文書提出の受付（電子署名やデジタルスタンプなど）、処理
報告、書類の受理	デジタル文書提出の受付（電子署名やデジタルスタンプなど）、処理

図表21-1　本会議をオンラインにより開催できることとなった場合に検討する必要があると思われる項目

出典：『全国都道府県議会議長会都道府県議会デジタル化専門委員会報告書』、25頁（http://www.gichokai.gr.jp/kenkyu/pdf/report_030625.pdf）（2024年2月23日閲覧）

執行部がデジタル人材を囲い込んでしまえば、地方議会のデジタル化は進みません。そうした部分の危惧が回答の中に含まれていると思います。

なお、上記の①と②は、地方議会改革でいうところの「内なる改革」[8]と言えます。内なる改革とは、それぞれの議会が現行制度の下で工夫しながら改革できるものです。一方、③と④は「外からの改革」、すなわち国等へ働きかけが必要になる取組みと言えます。

地方議会のデジタル環境を整えるには、そのための財源を準備しなければなりません。日本では首長に予算提案権があり、地方議会の予算修正権は著しく制約されています。そのため、地方議会のデジタル化には執行部の協力が欠かせません。また議会が必要とするデジタル人材の確保も執行部の協力なしにはできません。地方議会のデジタル化が重要となれば、デジタル化の推進や維持費用を交付税の算定に組み込むべきだと思いますが、そのためには国への働きかけが必須です。[9]

加えて、第33次地方制度調査会「多様な人材が参画し住民に開かれた地方議会の実現に向けた対応方策に関する答申」や全国都道府県議会議長会都道府県議会デジタル化専門委員会の各報告書に記述されているように、デジタル化を推進する際に検討しなければならない法律上のネックを洗い出すことも必要です。[10] 図表21-1は、私が座長を努めたデジタル化専門委員会で挙がった、本会議をオンラインにより開催できるとした場合に検討が必要となる項目になります。

項目が多岐にわたることは、地方議会のデジタル化は一朝一夕には終わらないことを示唆しています。私としては、地方議会のデジタル化は一気に進むものと考えるべきではないし、明治以来の根本を見直す必要がある大改革だと思います。地方議会のデジタル化は「民主主義のデジタル・トランスフォーメーション」の一部なのです。

21・4 デジタル化による議会・議員活動の高度化に向けて

地方議会のデジタル化は、地方議員間の関係（オンライン会議など）や議会事務局との関係（資料の電子化など）を変えるだけではなく、執行部や住民との関係の変化とも連動する点を認識しておく必要があります。

また近年、国が進めるオープンデータ政策との連動も無視できません。オープンデータとは、「機械判読に適したデータ形式で、二次利用が可能な利用ルールで公開されたデータ」で、「人手を多くかけずにデータの二次利用を可能とするもの」です。[11] オープンデータ政策では、住民や民間企業に公開したデータを利用してもらい、政策評価などに役立ててもらおうと考えています。

こうした流れが進んでいけば、執行部の監視は住民もできるということになりますし、住民の中からデータを駆使して政策を評価しようという者も出てくると思いますし、すでに出てきています。そうなれば地方議員は、外部の専門家や住民と協働してデータ分析するなど、議員と住民の関係は変化せざるをえないと思います。また、議会自身も住民に対してオープンデータを提供する主体になっていかなければなりません。議事録はもちろんのこと、議事に利用した資料なども公開する流れになっていくでしょう。

地方議会のデジタル化は「タブレットを配って終わり」ではありません。また「コロナが終息すれば終わり」でもありません。地方議会のデジタル化は、各議会で改革を進めつつ、三議長会などが中心となって国に制度改正を求めていくといった連携した取組みが不可欠と思います。

【注】

1　全国都道府県議会議長会「都道府県議会デジタル化専門委員会座長記者会見を開催」（更新日：２０２３年４月27日）http://www.gichokai.gr.jp/topics/2023/230427/index.html（２０２４年２月19日閲覧）

2　第33次地方制度調査会「多様な人材が参画し住民に開かれた地方議会の実現に向けた対応方策に関する答申」https://www.soumu.go.jp/main_content/000854239.pdf（２０２４年２月19日閲覧）

3　青木信之（２０２３）「「地方議会の位置付け等を明確化する地方自治法改正」の意義」『地方議会人』２０２３年６月号、38―41頁。

4　河村和徳（２０２３）「地方自治法89条改正から導かれる地方議会改革の方向性―デジタル化を射程に入れて」『自治実務セミナー』２０２３年10月号、16―21頁。

5　情報技術に対する信頼なども影響していると思われます。

6　スコットランドでは、オンライン会議に必要な情報端末を使用できなかったために市議が失職したという事件が起きています。「Glasgow' s longest serving councilor loses job because he can' t work laptop」『*Glasgow Live*』https://www.glasgowlive.co.uk/news/glasgow-news/glasgows-longest-serving-councillor-loses-19715897（２０２４年２月22日閲覧）

7　このアンケートの集計結果や考察については、全国都道府県議会議長会のホームページを閲覧してください。全国都道府県議会議長会「議会制度にかかる報告書」http://www.gichokai.gr.jp/kenkyu/index.html（２０２４年２月22日閲覧）

8　内と外の２つの改革に関しては、次の文献を参照してください。辻陽（２０１９）『日本の地方議会 - 都市のジレンマ、消滅危機の町村』中公新書。

9　関連して、地方六団体の国への要望もチェックしてみてください。地方六団体（２０２３）『デジタル行財政改革及び地方分権改革の推進について』https://www.si-gichokai.jp/request/request-6dantai/_icsFiles/afieldfile/2023/10/20/dezitarugyouzai-seikaikaku.pdf（２０２４年２月23日閲覧）

10　その象徴が、出席に関する概念だと思いますし、オンライン会議にアクセスしている者が議員本人であることをどう確認するか、といった問題も検討しなければなりません。

11　「自治体オープンデータ」https://www.open-governmentdata.org/abcut/（２０２４年７月22日閲覧）

第22講　韓国との比較から考える地方議会のデジタル化

KEY POINTS

- 議会のデジタル化は発展段階の視座が重要
- 韓国は「信頼」の担保としてデジタル化が進む
- デジタル化は目的でなく手段だとの再認識が必要

第22講のねらい

私は、全国都道府県議会議長会主催の都道府県議会デジタル化推進本部専門員及び都道府県議会デジタル化専門委員会座長に就任したことで、地方議会のデジタル化の推進に関わるようになりました。また、日本学術振興会二国間交流事業「第４次産業革命時代におけるＡＩ／ロボティクスを利活用する自治体行政と政策決定」（韓国の韓国研究財団との共同研究交流、JPJSBP120228801）や、ＫＤＤＩ財団助成「ＩＣＴを活用した危機に強い地方議会の構築」[1]の研究代表者として、地方議会を含めた日韓の地方自治体のデジタル活用状況研究・調査を行ってきました。勤務先の東北大学では東北大学未来社会デザインプログラム「どうすれば日本の民主主義のデジタル化は進むのか――制度・意識・技術の視点から考えるデジタル・デモクラシーに向けての環境整備」[2]を２０２３年度に実施し、韓国の地域情報化の専門家らと研究交流を行っています。

東日本大震災や新型コロナ禍は民主主義を支える仕組みのデジタル活用を考えるよいきっかけとなりました。選挙に関して言えば、茨城県つくば市のスーパーシティ特区におけるインターネット投票の実証実験などはその大きな事例と言えるでしょう。[3]地方議会のデジタル化も同じ流れかと思います。

この数年、地方議会のデジタル化に関わってきて、もっとも衝撃だったのは前出の二国間交流事業の一環で、２０２２年12月25日から28日にかけて行った研究チームの先生方と行った韓国の済州特別自治道議会（以下、済州道議会。**写真22‐1**）などの視察でした。

第22講では、済州道議会を視察したことによる気づきを含め、地方議会のデジタル化の光と影について焦点を当てたいと思います。

22・1　第三段階に進もうとする済州道議会

写真22‐1　韓国・済州特別自治道の議会庁舎　出典：筆者撮影（2022年12月26日）

これまで日本の地方議会のデジタル化を研究してきた立場から、地方議会のデジタル化に関する対象や方策、その効果についてまとめてみたものが**図表22‐1**です（表中の「セキュア」とは安全・安心の意味）。地方議会のデジタル化は、「議員×議員のデジタル化」「議員×執行部のデジタル化」「議会×住民デジタル化」と視点を3つに分け、議論することが一般の人にはわかりやすいと思います。

ただ、こうした見方にしてしまうと、デジタル化が抱えている論点がぼけやすいとも思います。私としては、そうした見方をする一方で、デジタル化の発展段階で認識した方が、地方議会のデジタル化の本質を理解できるように思います[4]。

それでは、どのような発展段階で考えたらよいのでしょう。私は、地方議会のデジタル化の発展段階は、第一は「ふれる」段階、そして第二の「つながる」段階を経て、オープンデータを提供し、それを積極的に活用するという第三の「つかう」段階に進むと考えたらよいと思っています。

もう少し丁寧に説明することにしましょう。「ふれる段階」とは、文字通り、情報端末をふだん利用していない議員がいることを想定し、彼ら／彼女らに情報端末に触れてもらい、その恩恵を認識してもらう段階です。ペーパーレス推進の姿勢から貸与されたタブレットを議会全体で触っている段階と思ってもらえればよいかと思います。情報端末を利用す

焦点	具体的な方策	段階	正の効果	負の効果や留意点	目指す議会像とのリンク	
					平時	非常時（災害時やパンデミック時）
議員×議員のデジタル化	タブレットの配布とクラウドの活用	第一/第三	情報共有が容易になる	使えない者は議員として十分な活動ができなくなる	効率的な議会	セキュアな議会
	オンラインを利用した会議環境の整備	第一	集合時間・コストを節約できる	出席者の確認等でかえってコストが増える可能性もある	効率的な議会	危機に強い議会
		第二	地方自治体の意思決定により出席できる	通信コストや秘匿情報の管理コストが増える可能性もある	開かれた議会	危機に強い議会
	オンラインを利用した参考人招致	第一/第三	旅費を抑制しつつ専門知識を得やすくなる	人間関係を深めにくくなる	効率的な議会	
	オンライン視察	第一/第三	旅費が抑制できる	人間関係を深めにくくなる	効率的な議会	
	一部事務組合でのシステムの導入	第一	議員サポートを含め、より効率的に運用できる	一度導入すると変えにくい	効率的な議会	セキュアな議会
議員×執行部のデジタル化	タブレットの配布とクラウドの活用	第一	職員の負担軽減につながる	使えない者は議員として十分な活動ができなくなる	効率的な議会	
		第二/第三	情報共有が容易になる	議会-執行部間の情報管理のギャップに留意する必要	効率的な議会	セキュアな議会
	電子表決システムの導入	第二/第三	数え間違いが発生しない	曖昧な姿勢は許されなくなる	効率的な議会	
	オンラインを利用した会議環境の整備	第二	集合時間・コストを節約できる	執行部の負担はほぼ変わらず、議院事務局負担は増える	効率的な議会	危機に強い議会
	議事録の自動作成・映像の保存	第二/第三	職員の負担軽減につながる	誤変換率の低下が求められる	効率的な議会	セキュアな議会
議会×住民のデジタル化	請願・陳情のオンライン受付の導入	第二	住民が請願・陳情をしやすくなる	オンラインとオフラインのバランスを検討する必要がある	開かれた議会	信頼される議会
	議会広報のデジタル化	第二/第三	住民が情報を得やすくなる	オンラインとオフラインのバランスを検討する必要がある	開かれた議会	信頼される議会
	SNSの活用	第二	より多くの住民の声を集めやすくなる	選挙運動と議会活動のかねあいを考える必要がある	開かれた議会	信頼される議会
	議事のリアルタイム中継、動画投稿	第二/第三	議会・議員に対する理解を促す	登壇者の発言能力が問われることになる	開かれた議会	信頼される議会
	オンライン住民会議の開催	第二	より多くの住民の声を集めやすくなる	オンラインとオフラインのバランスを検討する必要がある	開かれた議会	信頼される議会

図表 22- 1　地方議会のデジタル化の対象・方策・効果　出典：筆者作成

ることで紙の使用量を減らし、印刷をする必要がなくなるという、議会事務局職員の負担軽減がメインの段階であり、行財政効率の促進が主のデジタル化の段階とも言えます。

「つながる段階」の主眼は行政効率ではありません。この段階は、民主主義的な意思決定に積極的にデジタル技術を活用するため、オンラインでつながるところに重きを置く段階です。具体的な取組みとしては、内外からの参考人招致をリアルではなくオンラインで実施したり、委員会などの会議自体をオンラインで実施したりすることです。長期的には、採決などを議場に参集せずに電子票決することも視野に入ると思います。**写真 22-2**は電子票決を導入した済州道議会議場の風景ですが、議員の卓上に電子票決用のPCが置いてあり、ディスプレイに票決の結果が示される仕様となっています。

地方議員と住民の関係において、顔と顔を合わせるリアルな関係に、オンラインでやりとりをするバーチャルな関係が加わるのも、この段階に位置付けられます。さらに、ホームページやSNSを利用した住民への情報発信、オンラインによる住民懇談会の実施など、デジタルも用いて住民とのコミュニケーションの活性化をはかる段階とみなせると思います。言い換えると、デジタル技術によって議員同士、議会と執行部、議会と住民との間のコミュニケーションのチャンネルが増え、それらの関係がアップデートされる段階（すなわちデジタル・トランスフォーメーションする段階）と言えるのです。

写真 22- 2　韓国・済州特別自治道の議場
出典：筆者撮影（2022 年 12 月 26 日）

日本における先進的な自治体の取組みは第二段階、タブレットをやっと導入した議会は第一段階、そしてタブレットの導入が様々な制約で進んでいない議会はスタートラインに立っていないと言えると思いますが、私個人の感想では、日本に第三段階まで到達した地方議会はないと思います。

第三の「つかう段階」は、デジタル技術によって保存されたオープンデータやオープンドキュメントを活用し、それらを政策形成に積極的に活用していく段階です。この段階でのキーワードは「自動化」「データ活用」です。データ活用は公開されたよその自治体のデータを使うだけでは不十分です。他の自治体が使えるよう地方議会自らがオープンデータを積極的に公開することもセットとなります。

日本では、国のかけ声でオープンデータ化が進められていますが、地方自治体レベルで十分進んでいるとはいいがたく、とりわけ地方議会が公開するオープンデータは極めて少ないことは、私が参加したプロジェクトの全国調査によって明らかになっています[5]。

前出の日韓二国間交流プログラム韓国側の研究メンバーで、済州道議会視察のアテンダントを務めた大邱《テグ》大学招聘教授の高選圭《コソンギュ》氏（2024年4月より福島学院大学教授）によると、韓国の地方議会では議会報告書の電子文書化が進み、議会活動の議員別リアルタイム発信をするなど、デジタルを用いて「議会の見える化」をはかっていると言います。また首都のソウル特別市では、条例発議から成立までをオープンプラットフォームで進める住民参加型オンライン立法の仕組みをつくっており、京畿道議会では議員の個人属性や関心分野、選挙公約などのデータをＡＩに読み込ませ、議員活動を支援するシステムの構築が試みられているそうです。

済州道議会でも、「済州特別自治道議会ＡＩ政策秘書構築事業」が2023年から進められています。ＡＩ政策担当秘書システムとは、政策に関するビッグデータを基にＡＩが議員に助言するシステムだそうです。ＡＩに読み込ませるデータは、自治体の行政データはもちろん、社会経済データや世論調査データ、外国事例などであり、わかりやすく言えば、「済州道議会版ＣｈａｔＧＰＴをつくろう」というものだそうです[6]。

韓国の地方議員も、日本同様、議員自らが政策担当の秘書を用意することが難しく、高氏は、ＡＩ政策担当秘書システムの構築には図表22‐2に挙げた7つの効果が期待できるとのべています。こうした韓国で試みられている挑戦は、日本の地方議会のデジタル化を考える上でも参考になると思います。

22・2　なぜ韓国の地方議会のデジタル化は日本より進んでいるのか

日本も韓国も二元代表制を地方自治体で採用しており、コロナ禍での「3密（密閉、密集、密接）回避」の要請はほぼ同じでした。それにもかかわらず、なぜ日韓でデジタル化の進展に差が出てしまったのでしょう。

大きな理由のひとつとして挙げられるのは、日

1	新人議員とベテラン議員の知識格差が縮小
2	議会と執行部のチェック＆バランスが機能する （政策知識の格差も縮小）
3	地域課題の最適な解決手段の発券や新しい解決手段の作成が可能
4	財政の効率化、調達戦略の提示
5	政策はAIにまかせ、議員は弱者保護や住民意思の集約にエネルギーを割ける
6	EBPM(Evidence Based Policy Making)の推進につながる
7	DBPM(Data Based Policy Making)の推進につながる

図表22-2　AI政策担当秘書システムを構築の効果
出典：都道府県議会デジタル化専門委員会における高選圭大邱大学招聘教授のプレゼン資料

本の地方議会は歴史が長く、過去に積み上げられてきた前例などに縛られているからです。地方議会だけではなく、選挙の仕組みも同様で、「民主主義を支える制度の問題に気づいても過去に縛られ、なかなか変えられないのが日本」と言えます。

一方、韓国の民主主義の歴史は日本ほど長くはありません。韓国の民主化が進んだのは１９８０年代末から１９９０年代にかけてです。過去に縛られないということは、制度に対する慣れや愛着が乏しく、それを変えやすいということでもあります。更に、韓国の民主化が進んだ時代は、コンピュータなどが普及した時代でもありました。情報社会に親和的な政治・行政の制度を構築しやすい環境に韓国はあったため、日本との間で差がついたのです。

韓国の選挙事情も日韓で差がついた理由として挙げられると思います。韓国では、１９９７年(平成９)に発生したアジア通貨危機以降、国を挙げてデジタル化を進めました。その結果、若者だけではなく比較的高齢な有権者もスマートフォンなどの情報端末を利用できる状況にあります。そのため、韓国における選挙では、インターネットを駆使できるかが、予備選や本選で勝利する上での鍵となっています。それに加え、韓国の政党間競争は熾烈です。政権交代のたびに地方議員が入れ替わることはざらで、多選議員が多くはないと言われます。すなわち、選挙の入れ替わりが激しく、ＩＣＴリテラシーが乏しい議員がほとんどいないことも、地方議会のデジタル化の差につながったのです。

ただし、前出の高氏は私と違った見方も指摘します。高氏は「韓国は地方議会の歴史が浅いため、地方議会に対する制度的信頼が蓄積されていない。信頼を勝ちうるために改革し続けなくてはならないというマインドがある」と言います。韓国の地方議会のデジタル化には、選挙に勝つためにデジタル化を進めているという側面があるだけではなく、「地方議会が信頼されるためにデジタル化という改革を進めている」という面もあると言うのです。

22・3　地方議会のデジタル化を議論する際の留意点

政治学では、有権者と政治家の関係を「本人―代理人関係」で見ることがしばしばあります。選挙によって選ばれた政治家は有権者の代理人であり、雇い主（本人）である有権者の要望に沿った行動を採るべきだ、という見方です。

地方議会のデジタル化がなかなか進まない議会の中には、ベテラン議員がデジタル化を進めることに反対しているために進まないというところもあります。ある自治体の議長は「わしを落とす気か」とすごまれたと、私に話してくれました。

情報端末の扱いに不得手だからと反対する、という姿勢は自由です。しかし、自分が不得手だから反対する姿勢は、地方自治法第89条にある「住民の負託を受けた議員」として適切な態度なのでしょうか。より多くの住民と接点を持つことが議員として望ましい姿だと考えると、自己都合で反対する姿勢はいただけません。それに、コロナ禍によって、多くの住民がテレワークであったり、オンライン授業であったりと非接触環境に対応してきました。住民がデジタル技術を活用しつつある中、議会も議員もそれにあわせてアップデートしなければ、サボタージュとして受け取られてしまいます。「改革が議会の信頼向上に結びつく」という韓国の発想を見習わなければならないと思います。

ただし、「日本から見ればまばゆく見える韓国のように一気に改革を進めろ」というのは極端だとも思います。

たとえば、オンラインで公的な会議をする場合、参加者が本人であることを確認する必要があります。その会議の正統性を担保する作業と言えますが、対面で行う会議ではしばしばそれは省略されます。しかし、オンライン上の会議ではそれをしなければなりません。すなわち、オンライン上の会議は対面の会議よりも追加の手間がかかるので、この点に留意する必要があるのです。[9]言い換えると、オンラインで何かをしようとすると追加のコストがかかる場合があり、オンライン技術を活用したことでかえってコストが増えてしまう可能性があるのです。

デジタル活用を叫ぶ人の中には、この点を見落としている人がしばしばいます。「便利だからデジタルを活用しよう」と言っても不便になる人もいますし、「コストを抑えられるからデジタル化しよう」と言っても制度的な足枷からかえってコストが増えてしまうこともあるのです。私が図表22-1で「負の効果や留意点」を挙げているのは上記のようなことがあるからです。

デジタル化は目的ではありません。あくまでも、目指す議会像に近づくためのひとつの手段なのです。

【注】

1 KDDI財団調査研究助成プログラム終了者インタビュー「ICTを活用した危機に強い地方議会の構築　東北大学大学院 情報科学研究科　河村和徳 准教授」https://www.kddi-foundation.or.jp/interview/award/2023/interview02.html

2 東北大学知のフォーラム「どうすれば日本の民主主義のデジタル化は進むのか——制度・意識・技術の視点から考えるデジタル・デモクラシーに向けての環境整備」https://www.tfc.tohoku.ac.jp/jp/future-society-design-program/program/1002.html

3 私は、茨城県つくば市におけるインターネット投票に係る調査実証事業有識者会議に委員として関わりました。

4 電子投票の導入段階を議論する際の議論が参考になります。河村和徳（2021）『電子投票と日本の選挙ガバナンス―デジタル社会の投票権保障』慶應義塾大学出版会。

5 木村泰知［編著］（2021）『自治体DX推進とオープンデータの活用』日本経済評論社。このプロジェクトについては、次のURLを参照してください。セコム科学技術振興財団「民主制下における地方自治体の情報公開・オープンデータ化と情報セキュリティとの交錯に関する研究 木村 泰知 先生」https://www.secomzaidan.jp/tokutei/security/interview/kimura/（2024年2月24日閲覧）

6 フェイク情報が入り込まないよう、AIが学習するデータはファクトチェック済みのものになるそうです。

7 国際通貨研究所「アジア通貨危機」https://www.iima.or.jp/abc/a/2.html（2024年2月23日閲覧）

8 日本での多選については、第13講を参照してください。

9 都道府県議会デジタル化専門委員会では、報告にあたり、オンラインで委員会を行う上での留意点をまとめています。全国都道府県議会議長会都道府県議会デジタル化専門委員会「オンライン委員会について－開会に当たって留意すべき事項－（令和4年4月22日）」http://www.gichokai.gr.jp/kenkyu/pdf/report_040422.pdf（2024年2月24日閲覧）

第23講　地方議会も主権者教育の担い手

KEY POINTS

- 主権者教育って模擬投票のこと？
- 子どもの発達段階に即した主権者教育を
- 18歳選挙権をどう考えるべきなのか

第23講のねらい

２０１６年に実施された第24回参議院議員通常選挙から選挙権年齢が引き下げられ、18歳から投票できるようになりました。その方向性が決まった２０１４年度あたりから、選挙管理委員会と教育委員会を中心とした主権者教育も始まりました。

その主権者教育が始まってから、もう10年近く経過しています。中学・高校で主権者教育を受けた経験がある者が大学生のほとんどになりました。ただ、私が会話する範囲の大学生の多くは、「主権者教育って模擬投票をするんでしょ」と思っているようです。おそらく選挙管理委員会が行った出前授業の模擬投票の記憶が強烈に残っているからでしょう。

２０２３年度に入って、全国都道府県議会議長会・全国市議会議長会・全国町村議会議長会のいわゆる三議長会は「地方自治法改正を契機とした主権者教育の推進」に取り組んでいます。[1]これは、地方議会・議員も主権者教育の担い手と自覚することを促す取組みと言えます。

第23講では、主権者教育をどう考えるか、そして地方議会がどう関われるのかについて述べたいと思います。

23・1　現在の主権者教育が抱える構造的な課題

主権者として政治に参加する手段は選挙だけではありません。日本を代表する選挙研究者から知事となった蒲島郁夫前熊本県知事の著作『政治参加論』（境家史郎東京大学教授との共著）[2]を見れば、政治参加には様々なものがあることがわかります。署名活動のような手軽なものから、政治家に請願をしたり、デモを行ったりすることも主権者として行える政治参加の手段です。選挙運動を手伝うことはもちろん、選挙に立候補することも政治参加のひとつであることは間違いありません。

しかし、さきほど述べたように、「主権者教育は模擬投票」と思っている学生は少なくありません。なぜ、そうなってしまうのでしょう。

次の理由が考えられます。そもそも学校は知識を教授する場であって実践する場ではありません。また「学校での教育は間違ってはいけない」という意識に教員はどうしても縛られます。それは主権者教育の担い手と位置付けられている選挙管理委員会事務局の職員にとっても同じです。投票の仕方を教えることは普段の業務に係ることですから、誤ったことを教えることはほぼありません。しかし、世界のネット投票事情を解説したり、選挙不正の歴史を講義したりすることは、選管事務局の職員にとって重荷でしょう。なぜなら、選管事務局は執行部からの派遣で成り立っている組織であり、選挙一筋で職員人生をすごす人は少数だからです[3]。

加えて、公務員に対する政治的中立の要請も、主権者教育の足枷になります。なぜなら、教える内容によっては、特定の政治勢力が有利になる可能性があるからです。また公立学校における主権者教育が、正解があるものばかりを教え、判断を伴うような内容をなかなか取り扱わない背景には、「教員の選挙運動の禁止」「政治的中立性の確保」があると言われています。教員は、公職選挙法137条で教育上の地位を利用して選挙運動をすることはできないと定められており、教員の支持する政党・候補者への投票を押しつけることは教育基本法14条2項に反する行為とされます。これらの制約は、（教員本人の政治志向とは別に）授業中に現実政治にふれることを極力避けようとする誘因となっていると個人的には思います[4]。

公立学校の教職員や選管職員は、そうした制約がある中で主権者教育を担わざるを得ないのです。投票参加の教授に主権者教育が偏ってしまうのは、制約上、致し方ない部分はあります。しかしながら、先ほど述べたように政治参加の手法には投票外参加もありますし、選挙に限っても関わり方は投票だけではありません。選挙は、「投票する人」だけで成り立っているわけではなく、「立候補する人」がいて、選挙を「管理する人」もいます。国政選挙など重要な選挙では、選挙の状況を「報道する人」もいます。投票の仕方を教育するだけでは、立候補する人や管理する人、そして報道する人のそれぞれの立場を知ることができません。

私は、投票が18歳よりできるようになってから、東北大学の1年生向けの全学教育（教養教育）のゼミナールで、仙台市選挙管理委員会事務局の協力の下、選挙管理インターンシップを実施してきました。学生に期日前投票所のフロア案内業務などを体験させ、選挙管理の場にふれることで、多くの人が働くことによって選挙民主主義は支えられていることを認識させたいと思ったからです。珍しい取組みでもあるため、その様子は、しばしばマスコミに採りあげられてきました。

このように考えてみると、議員が若者に立候補の経験を語ったり、議会が若者議会などで議会を模擬体験させたりすることは重要な主権者教育であることに気づくことができます。投票は日本の選挙民主主義を支える重要な仕組みではありますが、地方議員の現状や地方議会での意思決定のあり方も主権者として知っておくべき要素ですし、どうして立候補したかといった議員自身の体験談を聞くことも主権者教育のひとつなのです。

「地方自治は民主主義の学校」とよく言われます（第16講を参照）。選挙で投票し、身近な議員たちと接触することで私たち有権者が民主主義の仕組みを学んでいくことを意味する言葉です。ただ、現在の主権者教育は、さまざまな政治参加の方法があることを十分教えられていないだけではなく、「立候補した人」「管理する人」そして「選挙を報道する人」の部分が構造的に弱いと言わざるをえないのです。

23・2　発達段階と議会の特性を意識した主権者教育

主権者教育を考える上で、児童・生徒たちの発達段階も意識すべきだと思いますし、すでにいろいろな議論があります。たとえば、藤原孝章元同志社女子大学教授は、問題解決型や問題提案型など「総合」の授業でも有効な学習方法をすべきと主張しています[6]。また実際に地域をまわってさまざまな住民と出会い、そこから地域課題を抽出し解決策を考えるアクション・リサーチが有効だという研究者もいます[7]。主権者教育の実践にあたっては「アクティブ・ラーニング」の概念が重要だという指摘もあります[8]。

ただ、繰り返しとなりますが、主権者教育は学校教育だけで達成されるものではありません。社会実践を通じた政治リテラシー（政治を読み解く力）の習得も不可欠だと思いますし、政治リテラシーは詰め込み教育では習得できません。家族をはじめとする周囲の大人との会話も大事だと思います。

私としては、政治リテラシーを発達段階に即して習得することが望ましいと考えます。発達段階に即した主権者教育を、中学生段階では「ふれる」を意識し、高校生段階では「体験する」ことを奨励、そして成人となった大学生段階では「関わる」こと、すなわち実践することをメインに据えたらどうかと考えます。発達段階とそれぞれの立場からの主権者教育を表示すると、**図表23-1**のように示せるのではないでしょうか。

ふれる段階や体験する段階で地方議員と接触することは、生徒たちに議員が政治的に意義ある存在だという気づきを与えるだけでなく、地方議会の信頼を高める効果があると思います。

例えば、議員の不祥事が報道されたりした場合、議員と接点がない人は、不祥事を起こした議員という「木」を見て、議会制度全体という「森」が悪いと評価してしまう可能性があります。もしその人に知り合いの議員がいれば「不祥事を起こした議員は特殊」と思ってくれる可能性が高まると考えられます。

図表23-2は、私がＮＯＳ住民意識調査（２０２０

	中学生段階 ふれる	高校生段階 体験する	大学生段階 実践する
投票者としての主権者教育	地域課題を調査してみる 投票所を見学してみる	地域課題に関するディベート 生徒会長選挙などで本物の投票箱を使った選挙をしてみる	投票にかかわるトリビアなどを学ぶ 実際に投票所に足を運ぶ
投票管理の視点からの主権者教育	選挙仕組みの講話を聴く	選挙管理の仕事を見学する 投票権保障の話を聞く	選挙管理インターンに参加する 立会人などとして関わる
報道する者の視点からの主権者教育	マスメディアの記者などから講話を聴く NIE(Newspaper in Education)を利用して地域を知る	情報リテラシーを学ぶ 家族・知人と政治の課題を会話する	マスメディアのインターンに参加する アルバイトなどを経験する
立候補した人(地方議会・議員)の視点からの主権者教育	事務局から議会の仕組みの講話を聴く 議員と会話してみる	若者議会などに参加する 議会が主催するゼミナールなどに参加する	若者議会などに参加する 議会からの調査などを請け負う

図表 23- 1　発達段階とそれぞれの立場からの主権者教育　出典：筆者作成

年12月実施）の結果の1つです。「なり手不足の解消のためなら議員報酬の増額はやむをえない」という意見に同意するかしないかを聞いたものですが、実は議員報酬が低い郡部（町村）居住者であっても議員報酬の増額に否定的な層が一定数程度はいることがわかります。この結果の背景には、議会の実情が正しく伝わっていないことがあると思われます。

私がサポートした宮城県大和町《たいわちょう》議会の議会ゼミ「これからの大和町議会のあり方プロジェクト[9]」の際、議会の現状を調査しあり方を議論する過程で、「議員の報酬は高いのではないかと思っていたけれども、こんなに安いのなら、なり手不足は当然」と意見を変える参加者がいました。テレビや新聞の報道で先入観がつくられていることを示す事例のひとつかと思います。

地方議員と住民との接点が減っている大きな原因は、なり手不足や議員報酬を上げるために行われた定数削減であることは間違いありません。「平成の大合併」によって議員をほとんど見かけなくなった、

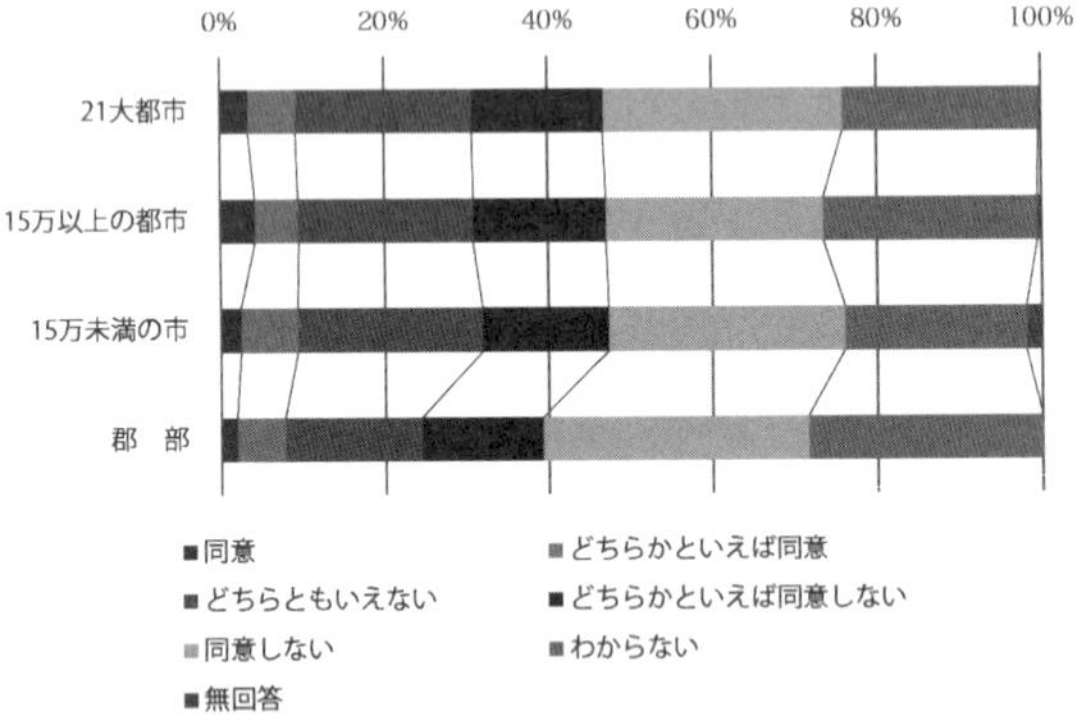

図表 23- 2　「地方議員のなり手不足の解消のためなら、議員報酬の増額はやむをえない」という問いに対する回答結果　出典：筆者作成

という合併自治体もあります。地方議員、とりわけ市区町村議員と接触する機会が減れば減るほど議員は遠い存在となり、それは地方議会の信頼が得にくくなると同義です。

図表23‐3からわかるように首長選挙よりも議員選挙の投票率がより低下しているのは、議員との接触が減っていることと無縁ではないでしょう。

23・3　改めて18歳選挙権年齢引き下げの意義を考える

選挙権年齢が18歳に引き下げられたのは、2014年に国民投票法が改正され、国民投票の投票権を有する年齢が18歳になったからでした。国民投票法との連動で公職選挙法の選挙権年齢も引き下げられたのです。

ただ18歳に選挙権年齢が引き下げられ、成人年齢も18歳に引き下げられた今、18歳から政治に参加できることを積極的に意味づけしていく必要があるでしょう。地方議会も主権者教育を担う主たる存在と考えるのであるならば、このあたりの共通理解は必要かと思います。

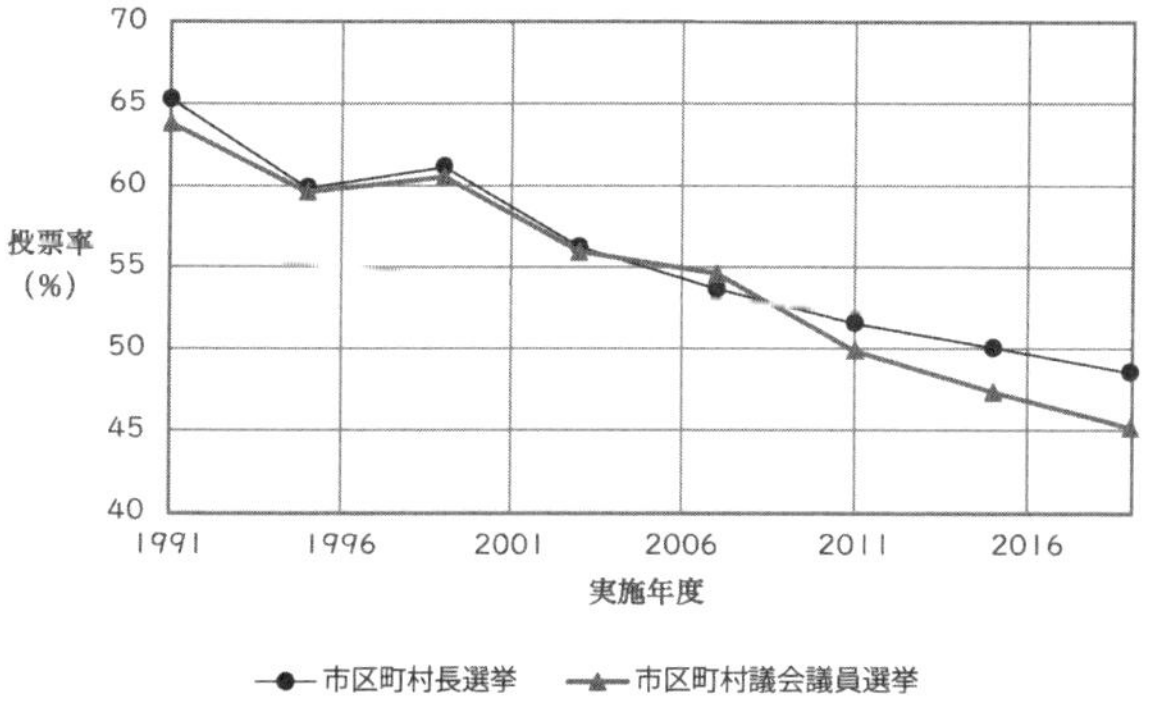

図表23‐3　統一地方選挙における市区町村選挙の投票率の推移（1991年〜2019年）
出典：総務省「統一地方選挙における投票率の推移（https://www.soumu.go.jp/main_content/000708971.pdf）」から抜粋。

それでは18歳選挙権をどう考えればよいのでしょうか。そのひとつのヒントが、第12講で取り上げた18歳と19歳の都道府県別投票率の違いです。この投票率から、気づくことが2つあります。ひとつは、18歳の方が19歳よりも投票率がどの都道府県においても高い点です。もうひとつは、首都圏や関西圏、中京圏の投票率が、それ以外のところよりも高い点です。繰り返しとなりますが、18歳は自宅から高校に通う者が圧倒的ですが、19歳になると彼ら／彼女らの少なくない数が、進学や就職によって親元を離れます。大都市圏の大学生は自宅生が多く、大都市圏外から進学した者は下宿している場合が圧倒的に多いでしょう。

家族と同居していれば、家庭内で地域の課題や将来像など政治的な会話をする機会は多いでしょうし、その過程で地元の就職事情が話題に出る可能性もあるでしょう。家族から、そして周囲の知人・友人から投票を働きかけられる機会は、自宅生の方が下宿生よりも多いと思われます。自宅生の方がリアルな政治に接する場が多いことは間違いありませんし、投票する確率が高いと言えるでしょう。

18歳選挙権年齢が引き下げられ、主権者教育が行われるようになったことは、「親元にいるときに主権者としての経験を積めるようになった」と認識すればよいと思いますが、それだけではありません。地元にいるということは、地域の課題をもっとも認識しやすいということでもあります。

それだけではありません。若者にとって、「日本や世界がどうなる」という話よりも「地元の将来がどうなる」という話の方が相対的に「自分ごと」として捉えられるのではないでしょうか。国政や外交などに自分の知り合いが関わっているという若者はほんの一握りでしょう。しかし、地元の将来に関わる話であれば、親戚や知人で関わっている人がいるでしょうし、数年先の自分にどんな影響があるか想像しやすい内容かと思います。すなわち、18歳への選挙権年齢引き下げと主権者教育の開始は、政治的社会化の変化（大人になっていく過程の変化と言い換えてもよいと思います）で20歳では政治を自分ごとにしづらくなった状況を変えるきっかけとなった、と位置付けることができるのです。

ところで、若者、とりわけ若い女性の流出が著しい地域があり、それはしばしばニュースになります。なぜ彼女たちは外へ出てしまうのでしょうか。若い女性の流出は自治体の存続につながるのにも関わらず、彼女たちの声を聞く姿勢を高齢男性が圧倒的多数の地方議会はとれていなかったのかもしれません。

地方議会は主権者教育を通じ、将来の地域の担い手である若者らの声を直接聞き、政策に反映させていくことが求められていることも指摘しておきたいと思います。[11]

【注】

1 関連して次を参照。第33次地方制度調査会第19回専門小委員会全国都道府県議会議長会提出資料「全国都道府県議会議長会提出資料—第33次地方制度調査会第19回専門小委員会—地方自治法改正を踏まえた取組について」http://www.gichokai.gr.jp/topics/2023/230927/230927-2.pdf（２０２３年12月２日閲覧）

2 蒲島郁夫・境家史郎（２０２０）『政治参加論』東京大学出版会。

3 大西裕［編著］（２０１８）『選挙ガバナンスの実態 日本編——「公正・公平」を目指す制度運用とその課題』ミネルヴァ書房。

4 18歳選挙権研究会［監修］（２０１５）『18歳選挙権の手引き—改正法の詳細から主権者教育の現状／事例まで』国政情報センター。

5 ＮＨＫ選挙ＷＥＢ「【18歳選挙権トリビア】選挙インターン 期日前投票所で働こう!」https://www.nhk.or.jp/senkyo/chisiki/ch18/20160706.html（２０２４年2月17日閲覧）

6 藤原孝章（２００８）「日本におけるシティズンシップ教育の可能性—試行的実践の検証を通して」『同志社女子大学学術研究年報』第59巻、89—１０６頁。

7 ロジャー・ハート（木下勇・田中治彦・南博文［監修］）（２０００）『子どもの参画—コミュニティづくりと身近な環境ケアへの参画のための理論と実際』萌文社。

8 18歳選挙権研究会、前掲書。

9 大和町「これからの大和町議会のあり方プロジェクトについて」https://www.town.taiwa.miyagi.jp/soshiki/gikai/13864.html（２０２４年2月17日閲覧）

10 増田寛也［編著］（２０１４）『地方消滅—東京一極集中が招く人口急減』中公新書。

11 これは、第33次地方制度調査会が２０２２年12月に出した「多様な人材が参画し住民に開かれた地方議会の実現に向けた対応方策に関する答申」（https://www.soumu.go.jp/main_content/000847801.pdf）と関わってくる話だと思います。

最終講　民主主義を支える仕組みの今後にむけて

KEY POINTS

- オンライン立ち会いは投票率低下対策の1つ
- 投票所統合の最大の理由は投票立会人確保困難
- 政治資金収支報告は住民が監視しやすい形で

24・1　民主主義の危機とオンライン立ち会い

本講が最終講です。最終講では、鳥取県投票率低下防止等に向けた政治参画のあり方研究会（座長・谷口尚子慶應義塾大学教授）が2023年12月末に提出した報告書[1]を出発点に、日本の選挙制度や議会制度の今後について考えてみたいと思います。

平井伸治鳥取県知事は2024年2月1日の記者会見[2]で、前述の研究会で出されたアイデアのひとつである「オンラインによる投票立ち会い」を実現していくことを披露しました。この平井知事の記者会見は、（少なくとも選挙に携わっている者の中で）ちょっとした話題となりました。それは、総務省の立場とは異なっていたからです。

公職選挙法第38条は、「市町村の選挙管理委員会は、各選挙ごとに、選挙権を有する者の中から、本人の承諾を得て、二人以上五人以下の投票立会人を選任」すると記述されています。総務省の立場は、投票立会人は投票所に実際いて投票に立ち会わなければならないというものでした。しかし、鳥取県では、投票所にリアルに立ち会わなければならないものではないと解釈し、オンラインを活用すると表明したのです。

平井知事がそのような記者会見ができたのは、平井知事自身が総務省選挙部OBだということと無縁ではないでしょう。積み木細工に例えられるほど難解な公職選挙法を理解していなければ、総務省の立場に異を唱えることはできません。

ただ、鳥取県として新しい取組みに挑戦しようとなったのは、投票率の低下傾向が地方でも進み、郡部であっても民主主義が厳しい局面に直面しつつあるという強い危機感が背景にあることは間違いありません。かつて「都市部は投票率が低いけれども郡部は高い」と言われていましたが、過疎化の影響などで郡部であっても投票率低下は深刻になりつつあります。人口最少県である鳥取県の場合、参議院の合区の影響もあり、投票習慣が壊されている状況にあります。[3]「投票率が低下しないよう、なんとかしなければならない」という思いから生まれたひとつの策が、「オンライン立ち会い」なのです。

それでは、なぜオンライン立ち会いなのでしょう。それは、投票立会人のなり手不足が深刻であり、それは過疎の自治体で進められている投票所統合と連動しているからです。とりわけ、平成の大合併で合併した自治体は、投票所の設置基準を揃える観点から投票所が大幅に削減されています。[4] **図表24-1**は前出の研究会で提供された資料の一部ですが、ここから鳥取県下の市町村の投票所統合の最大の理由が

	投票所の統合理由（凡例　◎；最大の理由　○：その他の理由）					統合（廃止）した投票所の規模別箇所数（有権者数）				
	事務従事者の確保困難	立会人の確保困難	施設のバリアフリー上の問題	有権者数の減少	経費削減	10人未満	10人以上50人未満	50人以上100人未満	100人以上500人未満	500人以上1000人未満
倉吉市	○	◎		○	○				11	2
岩美町		◎		○		1	1			
八頭町		◎	○	◎		1	3		2	
北栄町	○	○		◎	○				2	6
日南町	○	◎	○	○	○		1	10	17	

図表24-1　鳥取県の市町村における投票所統合の理由　出典：鳥取県提供資料

「(投票)立会人の確保困難」であることがわかります。

過疎高齢化が著しい市町村は、費用対効果の観点など、選挙行政の効率化の観点から投票所の削減圧力が強いと思います。もし投票所が統合されれば、一部の有権者は自宅と投票所の距離が遠くなります。これは、投票所に足を運ばなくなる可能性を高めます。

投票立会人は、「選挙人の代表が選挙管理に参加する」という意味で大事な存在です。ただ、投票日に投票所にいなければならないため、できればやりたくない役とも思われています。選挙管理委員会事務

局の中には、投票立会人になってくれる人を探すことに苦慮しているところも少なくないと聞きます。2019年5月の公選法改正で、投票立会人の選任要件が「各投票区における選挙人名簿に登録された者」から「選挙権を有する者」に緩和されましたが、[5]この改正も投票立会人を確保することが難しくなっている選管からの要望を受けたものでした。

ところで、鳥取県が進めようとする取組みは突拍子もない提案なのでしょうか。実は違います。オンライン技術を用いた遠隔立ち会いの実証実験が、スーパーシティ特区である茨城県つくば市において2024年1月末に試みられています。[6]私がこの実証にかかる有識者委員として視察した限りでは、[7]技術的には十分可能であると感じました（写真）。

24・2 鳥取県の動きから考える民主主義を支える仕組みの未来

都道府県の中で人口が最も少ない鳥取県が取り組もうとしていることから、選挙制度や議会制度といった民主主義を支える制度が、人口減少社会の突入によって曲がり角に来ていることに気づきます。第19講でも指摘したように、多くの自治体で高齢化が進み人口減少局面に入っている状況下では、右肩上がり時代の仕組みは通用しません。若者は職を求めて都市に流出し、地域活動の担い手が高齢化し、特定の人に偏っているところは少なくありません。

明治以来続いてきたノブレス・オブリージュ的な発想も改める時期が来ています。明治維新以降、日本は西欧の仕組みを政治制度に取り込み、近代化の道を歩んできました。戦前の地方議員は無給で地域に奉仕する名誉議員でしたが、こういった名誉議員のイメージも西欧から輸入されたものです。

名誉議員の多くは、大地主や網元、豪商など生活に余裕がある者たちでした。「高貴な身分の者はそれに即した社会的責任と義務がある」というノブレス・オブリージュ的な発想の影響を受け、戦前の地方議会は、地域の中で地位や財産がある者は自己の利益を優先せず、議員として地域に奉仕すべきという社会的倫理に基づき機能していたのです。

しかし、戦後のGHQによる「農地解放」（小作

写真　茨城県つくば市での実証実験で利用された遠隔立会ロボット
出典：筆者撮影 (2024 年 1 月 25 日)

制度廃止）や「浜の民主化」（漁業法の基本理念）などの諸改革は、地方の富裕層を減らす方向に作用しました。地主や網元、豪商など戦前に名誉議員を担っていた富裕層は、地方から徐々に姿を消していきました。またエネルギーが木炭や石炭から石油に変わることで、かつて富を生んでいた山は価値を失い、山林王もいなくなりました。近年は、公共事業改革などによって建設・土木業の経営者が地方議員になる動きも鈍りつつあります。戦後、地方から身銭を切って地域に奉仕できる人材は減少し続けているのです。

産業化、高学歴化、そして定年延長もそれに輪をかけます。繰り返しになりますが、地方から若者が都市に流出し、地域の活力は失われ続けています。

私は、鳥取県が指摘した投票立会人のなり手不足と、政治的課題になっている町村議員のなり手不足は根が一緒だと考えています。自らの時間などをなげうって公のために働くことは尊いこと、このことは頭では理解できますが、そこまでのことができる人材は地方では限られています。「できればやりたくないと考えている人が多い」という前提に立って、今までの仕組みをリ・デザインする必要があると個人的には思います。

　人口が減少していく中で現状維持の発想では、選挙制度や議会制度など民主主義を根本で支える仕組みは動揺することになります。人口最少県の鳥取県の動きは、日本の民主主義が危機に向かっていると警鐘を鳴らしているのだと考えるべきだと思います。

　また平井知事の発言は、人口減少時代の中、いかにデジタルを活用するかがますます重要になってくることも示唆しています。「デジタル活用は不安」「デジタルは信用できない」と頭から考えるのではなく、「デジタルを使って民主主義の仕組みを補っていく」という発想を持つことが求められると思います。

24・3　政治資金や政務活動費のあり方も見直す必要

　政治家に対して「先生」という敬称をつける人が多いのは戦前からの名残です。しかし、政治学の発想では、政治家は雇い主たる有権者の代理人であり、「先生」という偉い立場の存在とは考えません。むしろ、代理人は「自分の利益のために雇い主を出し抜こうとする可能性がある存在」と考えます。そのため、代理人たる政治家は常に雇い主たる有権者に情報を提供し、適切に任務を果たしていることをアピールしなければなりません。

　政治家と住民の信頼関係を高めるためにしなければならないのは、情報提供であり、政治家の活動状況を透明化することです。「説明責任を果たせ」というのは、ここと連動するのです。

　2023年末、自民党は政治資金収支報告書の不記載などで大いに揺れ、長きにわたって自民党政治の象徴であった派閥のいくつかは解散することになりました。これらの動きは政治（とくに自民党）に対する国民の不信感を高めることになりました。

　政治資金収支報告書を巡る一連の問題は中央だけに留まりません。政治資金パーティーを巡る疑惑が取り沙汰されるようになって以降、「事務的なミス」「記載を忘れていた」などを理由に複数の自民党県連が収支報告書の訂正を行っています[8]。

企業・団体による政治献金の禁止を求める声が一部にはありますが、その前にまず行わなければならないのは、献金された資金をどうすれば透明化できるかを考えることです。

ただ気をつけなければならないのは、収支報告書や領収書を単に公開すればよいという時代が終わっている点です。情報公開制度導入が議論された１９９０年代後半は、「情報を開示できればよい」という発想でした。それ以前は情報を開示しないことが一般的でしたから、可視化できれば十分という認識だったからです。

しかしながら、富山県などで問題となった政務活動費不正事件から、「領収書が多すぎると、不正な領収書が開示されていても見抜けない」ということが発覚しました。[9]大量にある手書きの領収書を目視で確認するのは時間も労力もかかります。マスコミの記者ですらそれらをチェックすることは厳しいのです。

私は「公開すればよい」という発想から、「より国民（住民）が監視しやすい形で公開しなければならない」という方向に発想を転換しなければならないと思っています。近年はＡＩが発達しており、領収書などのデータをＡＩに読み込ませれば、不正をより容易に検知できる時代になっています。政治に関するお金の流れをチェックするにあたっては、ＡＩを積極的に活用できるよう改革すべきだと思います。連座制を採用することも必要だとは思いますが、ＡＩに読み込ませやすいような形で収支報告書が提出され公開されれば、不正は簡単に見抜けるでしょう。

政治とカネの問題を受けて、政治家個人の寄附金控除についても考え直す必要があると考えます。「企業団体献金を完全に廃止しろ」という意見がありますが、私は同意しかねます。第1講でも述べたように「寄附は候補者と有権者を結ぶ紐帯」です。それに、企業団体献金を廃止したところで、個人献金に分散するだけでしょう。改革の本丸は、あくまでもお金の流れの透明化だと思います。

ただ、町村議員のなり手不足とこの問題を併せて考えると、違った側面が見えてきます。既に指摘しましたが、町村議員のなり手不足の背景のひとつに、身銭を切って選挙しなければならない環境があります（第1講を参照）。しかし、日本では市区町村議員（政令市議を除く）は、寄附金控除（確定申告で所得税等が還付される）の対象となっていません。寄附金控除がある議員とない議員がいたら、人々はどちらに寄附をするでしょうか。

　私は、同じ制度下にありながら、異なる運用をすることは基本的に望ましいとは思いません。かつて私は総務省の研究会で、町村選挙の選挙公営（立候者の選挙費用の一部の公費負担）を拡大する一方で供託金制度（立候補者の獲得した議席数に応じて一部を返還、残額を没収する制度）を導入することを主張し、実現したことがありますが、それも前述のような考えがあるからです。

　繰り返しとなりますが、戦前から選挙制度や議会制度などが導入されている日本は、制度の歴史が長いが故に機動的に改革ができない状況にあります。タイミングを逸すると、課題がわかっていてもなかなか改革できない国とも言ってもよいかと思います。

　東日本大震災や新型コロナ禍などの大規模自然災害もあり、またデジタル技術の進展もあり、この10年は、現行の選挙制度や議会制度を振り返り、制度が持つ課題と可能性を検討するよい機会であったと思います。ただ、前述のように日本は機会を逃すと改革できない国なのです。日本の民主主義のアップデートのため、この機会を逃してはならないのです。

【注】

1　鳥取県「投票率低下防止等に向けた政治参画のあり方研究会報告書」https://www.pref.tottori.lg.jp/315202.htm（２０２４年2月10日閲覧）
なお、本研究会に私も副座長として参加しています。

2　鳥取県「知事定例記者会見（２０２４年2月1日）」http://www.pref.tottori.lg.jp/315998.htm（２０２４年2月10日閲覧）

3　候補者が島根県に縁のある候補者ばかりの選挙戦になると、鳥取県の有権者の中には「うちの候補者じゃない」と投票所に足を運ばなくなる人も出てきます。それは、選挙に足を運ばないといけないという投票習慣を壊してしまうことにつながりかねないのです。２０２３年10月に実施された参院補選徳島・高知選挙区の徳島県側の投票率が23・92％と極めて低かったのですが、この選挙も高知県ゆかりの候補者同士の選挙戦でした。「徳島・高知　投票率大差　立候補有無で　合区解消論再燃も」『読売新聞』２０２３年10月24日。

4　茨木瞬・河村和徳（２０１６）「「平成の大合併」は投票環境

に影響を与えたのか―投票所数の減少に注目して」『横浜市立大学論叢 社会科学系列』第67巻3号、79―94頁。

5　総務省「最近の動き　法令改正　執行経費基準法及び公職選挙法の一部改正について」https://www.soumu.go.jp/senkyo/senkyo_s/news/touhyou/shikkokeihi/index_2019.html（２０２４年2月11日閲覧）

6　ＫＤＤＩ「つくば市でオンデマンド型移動期日前投票所による模擬投票を実証」https://news.kddi.com/kddi/corporate/news-release/2024/01/15/7177.html（２０２４年2月11日閲覧）

7　ただし、実際に実施するにあたってのタイムスケジュール、選挙無効リスク回避のための諸手当など、検討しなければならない点がある点は指摘しておきたいと思います。

8　たとえば「「還流」　自民地方組織も　収入不記載　訂正相次ぐ」『読売新聞』２０２３年12月18日。

9　北日本新聞社編集局（２０１７）『民意と歩む　議会再生』北日本新聞社。

※　脱稿後の２０２４年7月、鳥取県江府町《こうふちょう》長選挙の期日前投票で日本初のオンライン投票立会が実現しました。

おわりに

「地方議員のための選挙トリビア」の「月刊 地方議会人」への連載期間中（2022年5月号～2024年3月号）、三議長会（全国都道府県議会議長会、全国市議会議長会、全国町村議会議長会）などの要望を受け、2回にわたり地方自治法が改正されました。

図表は、第16講で登場した**図表16－2**に、地方自治法の改正などの動向を書き加えたものです。○をつけた回答者が多い「地方議会議員の位置づけの明確化」や「兼業禁止の緩和」は、2022年、2023年の地方自治法改正に反映されました。また「休暇・休職・復職制度の整備」については、地方制度調査会の答申なども受け、2022年改正の際、政府が民間に立候補休暇等の自主的な取組みを促すことが附則で明記されました[1]。

日本における中央地方関係はデリケートな仕組みで、地方の制度改正であっても国が関与しなければなりません。ただ、地方が改革を進めることで、内閣や国会議員が重い腰を上げることもしばしばです。その象徴と言えるのが、公害対策や情報公開です。これらの改革は地方が先に動き、国が後追いで全国展開した経緯があります。

図表中の網掛け部分は、地方が頑張ることによって国が動く可能性がある項目です。すなわち、国に要望ばかりするのではなく、少なくとも網掛け部分のところは、地方が率先して改革を進め、成果を可視化しつつ国にアピールした方がよいと思うのです。2023年度から三議長会が主権者教育に力を入れるようになったのも、

項目	市区議	町村議	備考
地方議会議員の位置づけの明確化	36.8%	44.9%	2023年法改正（89条）
議決事件に係る政令基準の廃止	4.5%	6.0%	
兼業禁止の緩和	18.9%	32.5%	2022年自治法改正（92条の２）
休暇・休職・復職制度の整備	10.8%	6.3%	2022年自治法改正の際に附則明記
手当制度の拡充	25.7%	33.5%	
議会費に係る財政措置の拡充	21.3%	25.2%	
保育スペースやバリアフリー化等の整備	37.6%	28.0%	
主権者教育の推進	36.2%	21.4%	2023年12月三議長会「地方議会に関する地方自治法改正を踏まえた主権者教育の推進に関する決議」
被選挙権の引き下げ	4.4%	4.1%	
補欠選挙の改正	2.3%	2.7%	
統一地方選挙の再統一	14.4%	14.0%	
政治献金に係る寄付金控除の対象への追加	5.6%	6.1%	
厚生年金への地方議会議員の加入	53.7%	49.3%	

図表　2022 年調査時点で市区町村議員が重要と考える国への要望事項
出典：図表 16-2 を元に筆者作成

その表れだと思います。

ところで、なぜ市区町村議からもっとも重要とされている要望の「厚生年金への加入」を網掛けとしたのか、わかりますか。２０２２年10月以降、社会保険の適用対象が拡大され、勤め先の従業員数が１０１人以上となり、２０２４年10月からは51人以上となります。そして、次の条件に該当すれば対象となります。[2]

１：週労働時間20時間以上

２：月額賃金８・８万円以上（年収換算で約１０６万円以上）

３：勤務期間２カ月超

４：学生ではない

地方議員は非常勤の特別職ですから、前出の条件をクリアしていれば厚生年金（共済年金）受給という道は開かれるかもしれません。しかし、記述された時間分、議員として働いている人もいれば、働いていない人もいるのが実態だと思います。

「地域のために頑張っているのに国民健康保険で年金は国民年金のみという状況は望ましくない」という主張には同意します。なり手不足の議論の際に「民間の手厚い子育て手当を捨てて立候補するのはなかなかできないから手当を増やせないか」という話をよく耳にしますが、その意見は妥当だと私は思います。ただ、多くの有権者は、今の議員の姿を見て、議員の待遇のあり方を判断する傾向にあることは間違いありません。今の議員が頑張らなければ、将来の議員のための待遇改善を勝ち取ることは難しいのが実状です。

日本の議会制度は民主主義国の中でも長い歴史を有しています。それが故に抜本的な改革は難しく、日々の議員活動が改革の賛否に影響してしまうのです。また、選挙制度や地方議会制度といった歴史のある制度を改革する際、多くの有権者は、長期的な視点よりも短期的な視点に焦点を当てがちで、抜本的な見直しを訴えるだけではその主張になかなか首肯してくれません。[3]「隗《かい》より始めよ」ではありませんが、大きな改革のためには、身近な小さな改革を積み上げて有権者に振り向いてもらう環境を整えること、これが肝要かと思います。

河村　和徳

２０２４年９月

【注】

1　自主的に取り組んでいる企業もある一方、なかなか取り組めない企業も少なくないようです。「会社員　兼　議員　企業が後押し　当選後は時短勤務　落選しても復職可」『読売新聞（大阪版夕刊）』２０２３年４月４日。

2　厚生労働省社会保険適用拡大特設サイト「パート・アルバイトのみなさま」https://www.mhlw.go.jp/tekiyoukakudai/dai1hihokensha/（２０２４年2月27日閲覧）

3　制度の見直しと時間の関係性についての学説をより深く学びたい人は次の書籍を読んでみてください。Paul Pierson. *Politics in Time: History, Institutions, and Social Analysis*. Princeton, N.J.: Princeton University Press. 2004.（粕谷祐子［監訳］『ポリティクス・イン・タイム：歴史・制度・社会分析』勁草書房、２０１０年）

補遺　本書の執筆に利用した研究助成等

本書の元となる連載原稿を執筆するにあたって利用した研究助成等を付記します。

（研究代表者）

・科学研究費補助金基盤研究Ｂ　「民主制下における復旧・復興―そこで生じる政治的課題の整理・検討（１８Ｈ００８１２）」　２０１８―２０年度

・ＫＤＤＩ財団調査研究助成「ＩＣＴを活用した危機に強い地方議会の構築」　２０２１―２２年度

・日本学術振興会二国間交流事業「Municipal Administration and Policy Making Using AI/Robotics in the Era of the 4th Industrial Revolution(JPJSBP120228801)」　２０２２―２３年度
（相手先：韓国研究財団（ＮＲＦ）、韓国側研究代表者　Lee, Hyun-Chool, 建国大学教授）

・東北大学未来デザインプログラム「どうすれば日本の民主主義のデジタル化は進むのか―制度・意識・技術の視点から考えるデジタル・デモクラシーに向けての環境整備」　２０２３年度

（共同研究者）

・科学研究費補助金基盤研究B　「ビジュアル・イメージの政治的影響に関する実証研究（19H01449）」

２０１９―２３年度

研究代表者：浅野正彦（拓殖大学政治経済学部教授）

・科学研究費補助金基盤研究A　「政治的ジェンダーバイアスの包括的研究　（20H00059）」

２０２０―２４年度

研究代表者：尾野嘉邦（早稲田大学政治経済学部教授）

・科学研究費補助金基盤研究C　「新型コロナ禍における行動の変化と社会階層：地域における社会関係資本に着目して（21K01845）」　２０２１年度―２３年度

研究代表者：村瀬洋一（立教大学社会学部教授）

・セコム科学技術振興財団特定領域（情報セキュリティ分野：IoT時代のサイバーセキュリティとセキュリティ経営・法・社会制度）「民主制下における情報公開・オープンデータ化と情報セキュリティとの交錯に関する研究」　２０１９年1月―２０２２年1月

研究代表者：木村泰知（小樽商科大学商学部教授）

【著者略歴】
河村 和徳（かわむら　かずのり）
東北大学大学院情報科学研究科准教授

1971年、静岡県生まれ。慶應義塾大学大学院法学研究科博士課程を単位取得退学後、慶應義塾大学法学部専任講師（有期）、金沢大学法学部助教授を経て、2007年より現職。

総務省地方議会・議員のあり方に関する研究会構成員、全国都道府県議会議長会都道府県議会デジタル化専門委員会座長などを歴任。

地方議員のための選挙トリビア　―選挙をめぐるあれこれ

2024年9月17日　初版発行

著　者	河村　和徳
発　行	株式会社中央文化社
〒102-0082	東京都千代田区一番町25番地 全国町村議員会館 https://chuobunkasha.com
電　話	(03) 3264 - 2520
FAX	(03) 3264 - 2867
振　替	00120 - 1 - 141293
印刷所	株式会社エデュプレス

Book Design　Takemi Otsuka

乱丁・落丁はお取り替え致します。

ISBN978-4-9911765-3-1　C0031